EL MESÍAS

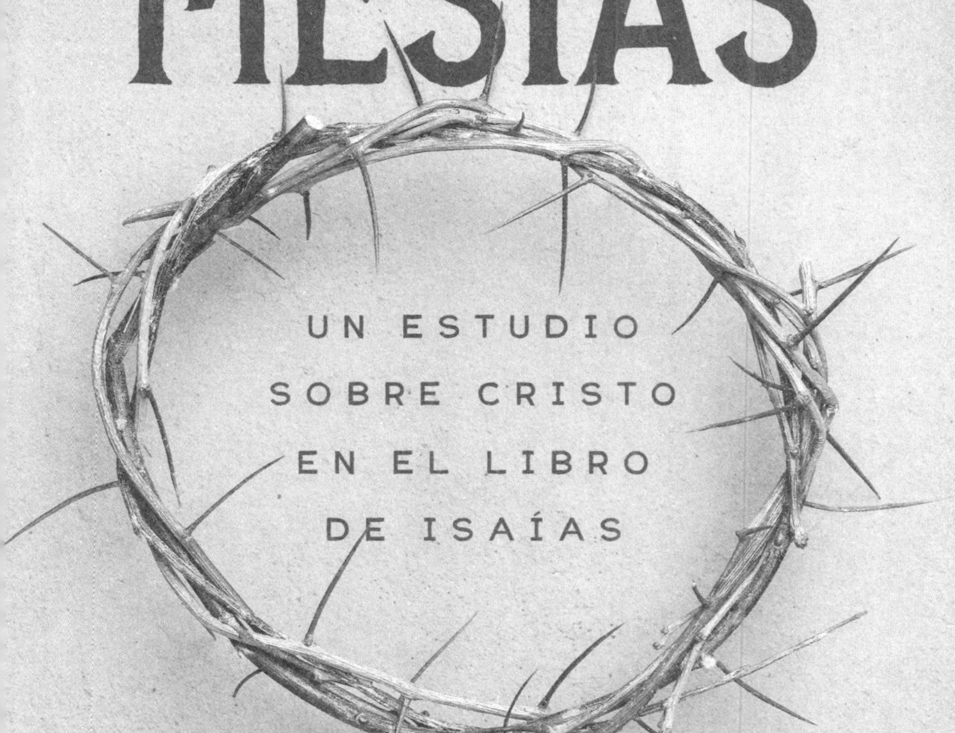

UN ESTUDIO SOBRE CRISTO EN EL LIBRO DE ISAÍAS

SAMUEL PAGÁN

PRÓLOGO POR
JUSTO L. GONZÁLEZ

EL MESÍAS

UN ESTUDIO SOBRE CRISTO EN EL LIBRO DE ISAÍAS

SAMUEL PAGÁN

PRÓLOGO POR
JUSTO L. GONZÁLEZ

PATMOS

El Mesías: un estudio sobre Cristo en el libro de Isaías

Publicado por Editorial Patmos,
Miami, FL. 33169

Revisado por Florencia Himitian

Diseño de portada e interior por Adrián Romano

ISBN: 978-1-64691-149-3

Categoría: Estudio bíblico

Impreso en Colombia | *Printed in Colombia*

DEDICATORIA

A mis colegas del extraordinario ministerio de las traducciones bíblicas. Especialmente a quienes tienen el compromiso de llegar con el mensaje de las Escrituras a cada lengua de las comunidades indígenas del mundo.

Muchas gracias por haberme permitido crecer entre ustedes y disfrutar de esta extraordinaria tarea.

CONTENIDO

PRÓLOGO

Con su acostumbrada gentileza, el doctor Samuel Pagán me ha concedido el honor de escribir el prólogo de su último libro —que bien podría decirse que es uno de los mejores. El tema que Pagán aborda es de suma importancia porque trata acerca de uno de los vínculos más sólidos y vistos entre las Escrituras de Israel y la predicación y misión cristianas. Los pasajes acerca del Siervo Sufriente son leídos repetidamente en nuestras iglesias, particularmente en los tiempos de Cuaresma y de Semana Santa. Dicho contexto hace que generalmente se subrayen sobre todo los sufrimientos del Siervo al que se refiere Isaías y su paralelismo con los sufrimientos de Jesús. Pero existe también otro punto de contacto importante entre Isaías y Jesús. Se trata del pasaje que Jesús lee en la sinagoga de Nazaret, que se encuentra en el capítulo cuatro de Lucas, que marca el comienzo de su ministerio público, el cual Pagán acertadamente toma como una especie de programa para su ministerio y para la iglesia de hoy. Es importante esa conexión, pues de ese modo se subraya no solamente el sufrimiento del siervo sino también otras dimensiones de su misión, como bien indica Pagán en el último capítulo de su libro.

Al escribir un prólogo, existe siempre la tentación de resumir lo que el autor dice. En este caso la tentación es fuerte, pues mucho de lo que Pagán aborda merece ser repetido y subrayado. Sin embargo no quisiera robar a los lectores el disfrute del libro mismo, sino dejarlo en sus manos para que poco a poco, al ir leyéndolo, vayan descubriendo las distintas dimensiones de este Siervo Sufriente al que se refiere Isaías y que Jesús encarna. Más bien trataré de relacionar algo de lo que Pagán menciona en el libro y de lo que Isaías dice acerca del Siervo Sufriente con los orígenes de la predicación cristiana, y con lo que nos dicen acerca de la interpretación de las Escrituras de Israel.

Cuando los cristianos hoy leen los pasajes del Siervo Sufriente, frecuentemente, se plantean la pregunta de si lo que escribe Isaías se refiere a Jesús o si se trata más bien de algún personaje contemporáneo del mism profeta. Hay creyentes que tildarían de hereje al erudito bíblico que señalara la posibilidad de que Isaías se refiriera a aquello que acontecía en sus días o a alguien que estaba sufriendo sin merecerlo en aquel tiempo, porque supuestamente no estaría creyendo en las «profecías» de Isaías.

Tales juicios yerran por dos razones:

En primer lugar, porque limitan el término «profecía» a aquello que predice el futuro. Ciertamente, los profetas de Israel hablaron acerca del futuro que Dios guardaba en sus secretos designios. Pero lo que los hacía profetas no era hablar del futuro sino más bien hablar en nombre de Dios, dar una palabra de parte de Dios, a veces sobre el futuro, otras sobre el presente y otras sobre el pasado. El verdadero profeta bíblico y cristiano no es quien predice el futuro, como lo hace un supuesto vidente frente a una bola de cristal o a unas cartas de baraja. Pensar que esa es la tarea del profeta bíblico lo rebajaría al nivel de uno de esos supuestos videntes que embaucan a los crédulos. La verdadera tarea del profeta bíblico es llevar al pueblo el mensaje divino. Ciertamente, este puede incluir anuncios o advertencias acerca del futuro, pero también, frecuentemente, incluye una guía para el presente, así como una interpretación del pasado y de su significado para la vida actual del pueblo.

En segundo lugar, pensar que para interpretar los pasajes acerca del Siervo Sufriente se debe escoger entre Jesús y algún personaje de los tiempos de Isaías conlleva el error de olvidar el modo en que los primeros cristianos entendían las Escrituras de Israel. Ellos no solo creían que se trataba de palabras que anunciaban el futuro sino también de los hechos que había realizado Jesús. Esto fue lo que dijo claramente aquel cristiano de nombre Justino, que pronto se transformaría en un mártir cuando aún el Nuevo Testamento estaba en proceso de creación. En lo que se presenta como un diálogo entre Justino y un rabino judío, el primero declara que: «Algunas veces el Espíritu Santo permitía que tuvieran lugar hechos que eran figura o sombra [tipos] del futuro, y otras daba palabras en las que se anunciaba lo que sucedería, a veces hasta usando verbos en tiempo presente o pasado cuando en realidad se referían al futuro. Quien no comprenda esto no podrá entender correctamente lo que dicen los profetas» (*Diálogo con Trifón*, 114:1). Una visión semejante se encuentra en Colosenses 2:17 donde, refiriéndose a las antiguas leyes de Israel acerca de la comida, la bebida y los días festivos de la luna nueva y del sábado, dice que «todo lo cual es sombra de lo que ha de venir; pero el cuerpo es de Cristo». La sombra no es un engaño sino que refleja una realidad. Si alguien se acerca a nuestra puerta, frecuentemente vemos su sombra antes que a la persona. Al interpretar las Escrituras de Israel, los antiguos cristianos afirmaban su realidad pero al mismo tiempo insistían en que apuntaban a una realidad aún mayor, de igual modo que la sombra anuncia a aquel que viene. Así, al comentar acerca del Evangelio de Juan, San Agustín dice: «Todo lo que la Ley manda respecto al culto al Señor era sombra de lo que vendría después. ¿Qué era esto? Lo que se cumplió en Cristo. Así dice el Apóstol: "Todas las promesas de Dios son en él" (2 Co 1:20). Y en otro lugar dice que todo lo que les sucedió [a los antiguo Hebreos] se escribió como figura para nosotros, para cuando llegara la plenitud del tiempo (1 Co 10:11).» Agustín, *Sobre el Evangelio de Juan 28:9.*

Para resumir, cuando los antiguos cristianos leían las Escrituras de Israel no buscaban en ellas solo palabras que pudieran aplicarse como tales a Jesucristo, sino también buscaban en ellas señal de los patrones que Dios toma en sus acciones, y que culminarían en Jesucristo.

Eso era importante para aquellos cristianos, pues había quienes se burlaban de las Escrituras de Israel diciendo que las leyes dietéticas, el descanso sabatino y otros mandatos parecidos no tenían importancia ni sentido. Como resultado de tales opiniones, hubo creyentes que llegaron a la conclusión de que las Escrituras de Israel no eran palabra del Dios que se encarnó en Jesucristo sino de algún otro. Frente a esto, la iglesia afirmaba que aquellas leyes antiguas eran anuncio, figura o sombra de lo que acontecería con Jesucristo —y luego con la iglesia misma. Esto los llevaba a declarar, por una parte, que no se debía confundir la sombra con la realidad, y que por tanto tenía razón la Epístola a los Colosenses al declarar que no se debía obligar a los creyentes a guardar las leyes dietéticas o sabáticas. Tales leyes eran como la sombra que anunciaba al que habría de venir —como cuando vemos una sombra en la puerta de nuestra casa y sabemos que alguien ha llegado. Sin embargo eso también quería decir, por otra parte, que no se debe pensar que la sombra es la última palabra. La sombra tiene valor porque nos anuncia a quien viene, y en cierto modo nos muestra su silueta. Pero el haber visto la sombra no es razón para rechazar la realidad, sino todo lo contrario.

Llevados por estos principios, aquellos antiguos cristianos seguían un método de interpretación bíblica a través del cual veían en ciertas palabras un anuncio claro de lo que acontecería con Jesús y luego con la iglesia. Pero también veían en otras la narración de los acontecimientos, o el establecimiento de prácticas que eran como la sombra que anunciaba a Jesucristo.

La visión que llevaba a este método de interpretación era la de un Dios que es fiel a sí mismo y a sus promesas; fe en un Dios que actúa según ciertos patrones, tipos o figuras —razón por la que frecuentemente tal interpretación se llama «tipológica».

Procediendo de este modo, aquellos antiguos cristianos seguían lo que ya era un patrón bíblico mucho tiempo antes de Cristo. Los autores bíblicos que escribieron en tiempos del exilio, hablando de él y de la promesa de un regreso a la tierra, veían en la historia del éxodo un patrón que Dios repetiría a su tiempo. (Véase, por ejemplo, Isaías 43:10-16.) Siglos después, cuando otros hebreos se vieron oprimidos por el gobierno de Siria, tomaron no solo la historia del éxodo sino también la del exilio como modo de entender la situación en la que se encontraban. Esto se cuenta en la historia de los Macabeos, cuando la difícil situación llamaba a la desesperación, pero Judas Macabeo anuncia al pueblo que el Dios del éxodo todavía reinaba y los salvaría (1 Mac 4:8-11). En el Nuevo Testamento, cuando dice que Juan es «una voz que clama en el desierto» no está diciendo —como frecuentemente se piensa— que nadie lo oiría o que hablaría en vano, sino más bien que, como el profeta anunció antaño un camino en el desierto hacia el futuro que Dios le había prometido a Israel, ahora este nuevo profeta Juan anunciaría la redención que Dios prometía. El ser una «voz que clama en el desierto», en lugar de referirse a una supuesta futilidad de sus esfuerzos, hace de Juan un heredero y continuador de la obra de los antiguos profetas de Israel.

Por otra parte, tal interpretación tipológica tiene la ventaja de que no agota el sentido de las Escrituras limitándolo a un solo acontecimiento o a un solo momento. Si, como algunos piensan, Isaías 53 es solo una profecía que anuncia a Jesús, eso quiere decir que por muchos siglos cuando los hebreos leían ese pasaje no tenían la más mínima idea de lo que quería decir. ¿Acaso no eran las palabras de Isaías también palabra de Dios para ellos? Además eso también significaría que cuando hoy leemos ese pasaje lo atribuiríamos únicamente a Jesús, sin ver lo bien que podría aplicarse a la obediencia cristiana.

La importancia del libro que estamos presentando reside precisamente en lo siguiente: Los pasajes acerca del Siervo Sufriente no hablan únicamente acerca de Jesús sino más bien de un patrón de las acciones de Dios que encuentra su punto cúlmine en Jesús, pero que también ha de servirnos hoy para ver el modo en que Dios actúa ante nuestro sufrimiento y debilidad. Esto se ve particularmente en el último capítulo del libro, donde el autor relaciona el ministerio de Jesús tal como se describe con palabras de Isaías en Lucas 4 no solamente con el Siervo Sufriente de la antigüedad y con Jesús, sino también con la iglesia y con los creyentes de hoy. Por esa razón es que, felicitando al autor y recomendando a todos su lectura, me complace presentar este libro al público creyente de hoy.

¡Dios te bendiga y te guarde, apreciado lector!

Justo L. González
Decatur, GA.
Junio, 2021

INTRODUCCIÓN

«Cuando Jehová hiciere volver la cautividad de Sion,

Seremos como los que sueñan.

Entonces nuestra boca se llenará de risa,
Y nuestra lengua de alabanza;
Entonces dirán entre las naciones:
Grandes cosas ha hecho Jehová con éstos.

Grandes cosas ha hecho Jehová con nosotros;
Estaremos alegres.

Haz volver nuestra cautividad, oh Jehová,
Como los arroyos del Neguev.

Los que sembraron con lágrimas, con regocijo segarán.

Irá andando y llorando el que lleva la preciosa semilla;
Mas volverá a venir con regocijo, trayendo sus gavillas.»

—SALMOS 126

DERROTA, EXILIO Y LIBERACIÓN

En cualquier obra literaria es necesaria la comprensión adecuada del contexto histórico que enmarcó a los autores, editores y destinatarios del mensaje para una lectura inteligente y para la comprensión de los textos. En un estudio bíblico, el entender los aspectos históricos, religiosos, culturales y lingüísticos es fundamental por una razón básica: el Dios que se revela en las Sagradas Escrituras interviene en medio de la realidad y de la historia humana. Y el análisis de esas particularidades revela características teológicas de importancia capital para la comprensión y valoración adecuada del mensaje bíblico.

El caso específico del Libro del profeta Isaías manifiesta una singular complejidad histórica y literaria: la obra debe estudiarse a la luz de tres períodos históricos diferentes. La primera sección del Libro (caps. 1—39) se relaciona directamente con la vida y el ministerio del profeta Isaías en Jerusalén (ca. 740-700 a.C.); la segunda parte de la obra (caps. 40—55) se puede relacionar con la época del exilio en Babilonia (ca. 587-538 a.C.); y la tercera sección de este importante libro profético (caps. 56—66) apunta hacia el período post exílico de dominación persa (ca. 538-450 a.C.).

Esa particular característica literaria de este libro profético demanda de las personas que estudian sus mensajes un esfuerzo notable. La historia de Israel y de Judá en esos períodos manifiesta años de independencia y cautiverio, guerra y paz, tranquilidad política y turbulencia social, conflictos nacionales y amenazas internacionales, exilios y liberaciones, además de dificultades sociales y reformas religiosas. El Libro de Isaías también toma en consideración y alude frecuentemente, en medio del complejo panorama político y militar de la región, a la presencia de tres imperios que tenían importantes y agresivas políticas expansionistas: el asirio, el babilónico y el persa.

Sin embargo, es fundamental, para proseguir nuestro análisis de esta importante obra profética y literaria, afirmar que la redacción final del Libro de Isaías presupone posiblemente el contexto exílico babilónico y el entorno postexílico relacionado con el imperio persa. Estos períodos, que se caracterizaron por las luchas contra los samaritanos, la supervivencia histórica de los judíos y su búsqueda de sentido como pueblo, es el amplio marco de referencia para la comprensión canónica del Libro de Isaías, y particularmente para el estudio y disfrute de los cánticos del siervo sufriente del Señor.

Los temas acerca de la esperanza o el juicio, que se revelan en toda la obra profética de Isaías, no sólo deben ser comprendidos como el mensaje a las diferentes generaciones previas, sino la palabra divina que llegó a la comunidad judía que deseaba descubrir el sentido fundamental de la vida, luego del dolor exílico y las dificultades asociadas a la reconstrucción nacional luego del destierro y sus agonías.

Un período histórico de importancia medular para la comprensión adecuada del Libro de Isaías es el exilio en Babilonia. Esta época reconoce el avance del imperio babilónico en el Oriente Medio y, específicamente, evalúa su intervención definitiva en Judá y Jerusalén.

El nuevo imperio babilónico, fundado por Nabopolasar, llega a su esplendor con la presencia del gran estratega militar Nabucodonosor (ca. 605-562 a.C.). Las campañas de ese general babilónico en Palestina trajeron dolor, desolación, muerte, destrucción, cautiverio y deportación. Las instituciones nacionales cayeron frente a las nuevas estructuras administrativas, económicas, sociales y militares impuestas por el imperio babilónico. La conciencia nacional fue herida. Y hasta la religión, con sus símbolos de culto, templo, sacerdotes y sacrificios, recibió un fuerte golpe.

En efecto, Judá fue uno de los pueblos derrotados por el imperio babilónico que vio cómo su historia y sus vivencias diarias fueron afectadas adversa y permanentemente por el exilio. Y este es el entorno histórico y teológico que sirve de trasfondo a los cánticos del Siervo Sufriente del Señor. Ante las sociologías del dolor y la desesperanza, se manifiestan las teologías de la vida y la esperanza.

EL IMPERIO BABILÓNICO

Cuando Nabucodonosor venció a Egipto en la famosa batalla de Carquemish (c. 605 a.C.), el panorama histórico de Palestina tomó un nuevo giro: la influencia y el poder del imperio babilónico se convirtieron en factores políticos fundamentales en la región. Los ejércitos egipcios fueron definitivamente derrotados, quedando Siria y Palestina a merced del imperio vencedor.

Mientras Judá estuvo bajo la dominación egipcia del faraón Necao, Joacim, el rey de Judá, fue su fiel vasallo. Sin embargo, con el abrupto cambio político internacional, el monarca judío trató de organizar una resistencia a Babilonia. Ese gesto de valentía y afirmación nacional produjo que se levantaran los contingentes babilónicos, junto a grupos guerrilleros de las regiones vecinas (2 R 24:2; Jer 35:11), para mantener a Judá dominada. En el año 598 a.C. sucede a Joacim su joven hijo de 18 años, Joaquín (o Jeconías), que vio cómo la ciudad de Jerusalén se rendía ante la potencia extranjera, a solo tres meses del inicio de su reinado.

Con la victoria babilónica sobre Judá en el año 597 a.C., comenzó el período conocido comúnmente en la historia bíblica como el exilio. Ese lapso se caracterizó por una serie de cambios bruscos en el gobierno y la presencia de líderes políticos al servicio de la potencia extranjera; además de matanzas y deportaciones en masa, y dolor en la fibra más íntima del pueblo.

El año 597 a.C. fue testigo de la primera de una serie importante de deportaciones. El joven rey Joaquín, la reina madre, los oficiales gubernamentales y los ciudadanos principales, junto con los tesoros de la casa de Dios y los del monarca, fueron exiliados a Babilonia. El movimiento político emancipador de Joacim le costó muy caro al pueblo: las ciudades principales fueron asaltadas, el control del territorio fue reducido, la economía paralizada y la población diezmada. La crisis de liderato nacional fue total y las personas que quedaron, según el profeta Jeremías (Jer 34:1-22), no representaban lo más eficiente de la administración pública ni actuaban con sabiduría en el orden político.

Con la deportación del rey Joaquín, su tío Sedequías (o Matanías) quedó como gobernante. Como líder no parece haber sido muy sabio; además, por haber sido impuesto por el imperio dominante, no fue tomado muy en serio por los exiliados en Babilonia. Joaquín, aún en el exilio, se mantenía para muchos como rey en el destierro (Jer 28:2-4).

Con el nuevo líder de Judá, se juntaron algunos ciudadanos prominentes que quedaron en Palestina y comenzó un nuevo fermento de rebelión patriótica y nacionalista. Reuniones con Edom, Moab, Amón, Tiro y Sidón se llevaron a cabo para establecer un plan regional coordinado como respuesta al avance babilónico. Sin embargo, estos planes no prosperaron.

Con las dificultades internas en Babilonia, y posiblemente con la promesa de ayuda de Egipto, renació el espíritu de rebelión en Judá, que culminó en una derrota adicional y una experiencia de dolor inolvidable. Babilonia desarrolló todo su poderío militar y, aunque Jerusalén demostró valor y coraje, en el año 587 a.C. el ejército de Nabucodonosor entró triunfante por los muros de la ciudad. La ciudad de Jerusalén fue derrotada, destruida, incendiada y saqueada. Sedequías vio la muerte de sus hijos; posteriormente fue cegado y llevado cautivo a morir en Babilonia. Muchos ciudadanos murieron en la invasión; otros, por las consecuencias de la violencia babilónica; algunos líderes militares y religiosos fueron ejecutados frente a Nabucodonosor; y un gran número de la población fue dispersa o deportada a Babilonia. Esta segunda deportación fue testigo de la culminación de la independencia nacional y el fin de la personalidad política de Judá.

En torno al exilio en Babilonia, y referente a los eventos que rodearon la conquista y destrucción de Jerusalén, la arqueología ha arrojado mucha luz. Luego del saqueo de Jerusalén, los babilónicos comenzaron a reorganizar a Judá con un nuevo sistema provincial. Con la economía destruida, la sociedad desorganizada y la población desorientada, asumió la dirección del país un noble llamado Godolías. El nuevo gobernante movió su gobierno a Mizpa en busca de una política de reorganización nacional, pero no pareció recibir el apoyo popular y en poco tiempo fue asesinado. El descontento continuó en aumento y la tensión llegó a un punto culminante. Según el relato del profeta Jeremías (Jer 52:28-30), una tercera deportación surgió en Judá en el año 582 a.C., posiblemente como respuesta y represión al malestar y la rebeldía. No es de dudar que la provincia de Judá fuera incorporada a Samaria en ese momento, como parte de la reorganización social y política de los babilónicos.

Cuando hablamos del exilio y su entorno histórico pensamos en dos, y posiblemente tres, deportaciones que dejaron una huella dolorosa que nunca será borrada de la historia bíblica. Según el relato del Libro de los Reyes (2 R 24:12-16), los cautivos y deportados en el año 598 a.C. fueron 10 000, y sólo quedaron «los más pobres de la tierra». De acuerdo con el de Jeremías (Jer 52:8-30), se entiende que las tres deportaciones sumaron 4600 personas. De ese número, 3023 fueron llevadas en el año 598 a.C.; 832 en el 587 a.C.; y 745 en la tercera deportación del año 582 a.C.

Ese último relato, que se incluye en el Libro del profeta Jeremías, posiblemente proviene de algún documento oficial del exilio y presenta una figura realista y probable de lo sucedido. La importancia de esos 832 ciudadanos de la ciudad, deportados a

Babilonia al caer la ciudad de Jerusalén, no puede ser subestimada. En ese grupo se encontraban los líderes nacionales: comerciantes, religiosos, militares y políticos. Eran figuras de importancia pública, que al faltar en la vida y la administración pública produjeron caos en el establecimiento del orden y en la reorganización de la ciudad.

El período exílico culmina con el famoso edicto de Ciro (2 Cr 36:22-23; Esd 1:1-4), que permite a los judíos regresar a sus tierras y reedificar el Templo de Jerusalén. Las referencias bíblicas al evento ponen de manifiesto la política exterior del imperio persa. Este edicto se ejecuta con la victoria de Ciro sobre el imperio babilónico en el año 539 a.C.

Aunque se hace difícil describir en detalle lo sucedido en Judá luego del año 597 a.C., y particularmente en Jerusalén después del 587 a.C., el testimonio bíblico coincide con la arqueología en que fueron momentos de destrucción total. Todo el andamiaje económico, político, social y religioso sucumbió. La estructura administrativa de operación regular de la ciudad y la sociedad fue destruida. El liderazgo del pueblo fue deportado y los ciudadanos que quedaron tuvieron que enfrentarse al desorden, a las ruinas, a la desesperanza y a las consecuencias físicas y emocionales de tales catástrofes. A esto debemos añadir el ambiente sicológico de derrota, la ruptura de las aspiraciones, la eliminación de los sueños, el desgaste de la energía síquica para la lucha y la obstrucción del futuro.

Los deportados y la gente que quedó en Jerusalén y Judá enfrentaban un gran conflicto y dilema, luego de la invasión de Babilonia. ¿Cómo se podían reconciliar las expectativas teológicas del pueblo con la realidad existencial? ¿Cómo se podía confiar en la palabra fiel comunicada por los antiguos profetas de Israel? ¿Cómo se explicaba teológicamente que el Templo de Jerusalén fuera quemado, destruido y profanado, cuando el pueblo lo entendía como habitación del Señor y lugar de oración, refugio y seguridad? (2 R 8:10-13) ¿Cómo se explicaba la ruptura de la dinastía de David, cuando ya había una profecía de eternidad y los salmos comunicaban la relación paterno filial de Dios con el rey? (Sal 2:6) ¿Cómo se entendía que el canal para la bendición de Dios al pueblo era a través del rey? (Sal 72:6) ¿Cómo se explicaba que «la tierra prometida» estuviera en manos extranjeras, cuando ese tema fue crucial y determinante en los relatos patriarcales?

Lo que sucedió en Palestina a comienzos del siglo VI a.C. consistió en eventos singulares. La historia se caracterizó por el dominio de Babilonia y la deportación de los líderes del pueblo al exilio; el cambio de la dinastía davídica por títeres de la potencia extranjera; la reorganización de la sociedad con los patrones e intereses babilónicos; el fin de los días de Judá como nación autónoma; y la profanación del Templo de Jerusalén.

La segunda parte de Libro de Isaías (Is 40—55) responde a esa situación histórica extraordinaria del pueblo. Ante el dolor del exilio y el cautiverio en Babilonia, el Libro de Isaías presenta su mensaje firme de consolación y restauración nacional.

LAS DEPORTACIONES

Los judíos que llegaron al exilio en Babilonia fueron objeto de presiones y humillaciones de parte de sus captores (véase Sal 137). Sin embargo, aunque no eran libres, se les permitió vivir en comunidad, dedicarse a la agricultura, administrar negocios, construir casas y ganarse la vida de diversas formas (véase Jer 29).

El rey Joaquín, quien fue llevado al exilio en el año 598 a.C., fue mantenido por el gobierno babilónico y, además, era tratado con cierta consideración. Con el paso del tiempo, muchos exiliados llegaron a ocupar posiciones de liderato político, económico y social en Babilonia (p.ej.: Esdras y Nehemías).

El imperio babilónico durante este período experimentó una serie de cambios significativos que afectaron sustancialmente su administración y permanencia. A Nabucodonosor lo sucedió Amel-Marduc, que fue asesinado al poco tiempo de comenzar su gestión (562-560 a.C.). Le sucedió Neriglisar, quien no pudo mantener el poder por mucho tiempo (560-556 a.C.). El usurpador Nabónido, aunque gobernó por algún tiempo, no pudo superar la crisis producida por sus reformas religiosas. Entre esas decisiones se puede identificar el cambio del culto a Marduc por el culto a Sin, decisión que causó el descontento general entre los importantes sacerdotes de Marduc. Además, y posiblemente por razones de seguridad relacionadas con la reforma religiosa, tuvo que mudarse a Teima por siete años, dejando como regente de Babilonia a su hijo Baltasar.

Ciro, mientras imperaba el desorden y la inseguridad en Babilonia, aumentó sistemáticamente su poder político mediante conquistas militares en todo el Medio Oriente. Y aunque comenzó su carrera política como servidor de los medos, con el tiempo conquistó su capital, Ecbatana, en el 553 a.C., con la ayuda de Nabónido. Posteriormente, Ciro marchó contra Lidia, conquistó Sardis y se apoderó de la mayor parte de Asia Menor. Finalmente, en la famosa batalla de Opis, conquistó definitivamente Babilonia.

La segunda sección del Libro de Isaías (Is 40—55) se relaciona con este singular período de la histona bíblica: particularmente con los años anteriores al triunfo definitivo de Ciro y su entrada triunfal en Babilonia. Los mensajes proféticos que responden a este período toman en consideración el odio y los deseos de venganza de los judíos. Sin embargo, junto a la nostalgia de la tierra prometida, tenían firmes deseos de liberación y de retorno. Los mensajes proféticos están impregnados de dolor y esperanza. Y el lema fundamental es la consolación.

En el exilio, una de las mayores preocupaciones de los deportados era imaginar y proyectar la futura restauración de Israel. La esperanza de un retorno a las tierras que sus antepasados entendían que habían recibido de Dios nunca murió. La comunidad exílica se negó a aceptar la realidad del exilio como definitiva. ¡El exilio era una experiencia transitoria! En ese sentido, la contribución de los profetas del exilio fue muy importante. Esos líderes del pueblo se dieron a la tarea de afirmar el valor de la esperanza en momentos de crisis, desarraigo y angustia.

EL PERÍODO PERSA

Cuando Ciro hizo su aparición en la escena política y militar del Antiguo Oriente, Babilonia estaba en un franco proceso de decadencia interna. Los mensajes proféticos en torno al imperio babilónico se hacían realidad (Is 45:20—46:13; 47). Babilonia no tenía fuerza militar, e internamente estaba llena de conflictos y descontentos religiosos, sociales, políticos y económicos (Is 41:1-7; 46). Además, el monarca de turno, Nabónido, carecía de la confianza y del respeto del pueblo. En el año 539 a.C. los ejércitos persas entraron triunfantes en Babilonia y comenzó una nueva era en la historia del pueblo de Dios.

Con la victoria de Ciro sobre Babilonia, se consolidó uno de los imperios y gobiernos más poderosos de la historia: el imperio persa. La filosofía administrativa y política de Persia se distinguió, entre otros, por los siguientes aspectos: no destruyó las ciudades conquistadas; respetó la vida, los sentimientos religiosos y la cultura de los pueblos sometidos; y mejoró las condiciones sociales y económicas del imperio. Ciro, además, utilizó la religión para consolidar el poder al participar en un culto donde se proclamó el enviado de Marduk, el dios de Babilonia.

En continuidad con su política de respeto y afirmación de los cultos nacionales, siempre y cuando no afectaran adversamente la lealtad al imperio persa, Ciro promulgó un muy importante edicto (538 a.C.) que favoreció al pueblo judío deportado. Del llamado «Edicto de Ciro», la Biblia presenta dos versiones: la primera, escrita en hebreo, se encuentra en Esdras 1:2-4; y la segunda, redactada en arameo, que se presenta en la forma tradicional de un decreto real, se encuentra en Esdras 6:3-5.

El texto arameo del edicto estipulaba que el Templo debía ser reconstruido con la ayuda económica del imperio persa; además, presentaba algunas regulaciones referentes a la reconstrucción; y añadía que los tesoros reales llevados a Babilonia por Nabucodonosor desde el Templo de Jerusalén debían ser devueltos a su lugar de origen. El texto hebreo del edicto incluye, además, que los judíos que quisieran regresar a su patria podían hacerlo; también se invitaba a los que se quedaron en Babilonia a cooperar económicamente en el programa de restauración nacional.

Para guiar el regreso a Palestina y dirigir las labores de reconstrucción, Ciro seleccionó a Sesbasar, uno de los hijos del rey Joaquín (1 Cr 3:18), quien fue designado gobernador (Esd 5:14). Al viaje de retorno a Jerusalén, posiblemente organizado de forma inmediata, sólo un pequeño sector del pueblo debe haberlo acompañado.

Únicamente los judíos más ancianos recordaban la ciudad de Jerusalén; el viaje era muy largo, costoso y estaba lleno de peligros; la tarea que se les había encomendado era difícil; y la meta del viaje era un territorio pobre, despoblado y relativamente pequeño.

Tan pronto como llegaron a Jerusalén, comenzaron los trabajos de reconstrucción y posiblemente reanudaron algún tipo de culto regular entre las ruinas del templo. Ese período debe haber estado lleno de expectación, esperanza y sueños. El pueblo esperaba ser testigo del cumplimiento de los mensajes proféticos de los profetas Isaías (40—55) y Ezequiel (48); sin embargo, recibió el rudo golpe de la desilusión, la frustración y el desaliento.

Los años que siguieron a la llegada de los primeros inmigrantes a Palestina estuvieron llenos de dificultades, privaciones, inseguridad, crisis y violencia. A esa realidad inmediata debemos añadir que la ayuda del imperio persa nunca llegó, la relación con los samaritanos fue abiertamente hostil y el desánimo de los trabajadores al ver el poco esplendor del edificio que construían, desaceleró las labores de reconstrucción (Hag 2:3: Esd 3:12-13).

De Sesbasar realmente sabemos poco. Desconocemos lo que sucedió con él, pues deja de ser mencionado en los documentos bíblicos. Lo sustituyó Zorobabel, su sobrino.

Ciro murió en el año 530 a.C. y lo sucedió en el trono su hijo mayor, Cambises. La nueva administración continuó la política expansionista de Ciro, hasta que Cambises murió en el año 522 a.C. Su gestión política y su muerte trajeron al imperio un período de inestabilidad y crisis. A Darío l, quien lo sucedió, le tomó varios años reorganizar el imperio y consolidar su poder.

Al mismo tiempo que el imperio persa se conmovía en sus luchas internas, el año 520 a.C. fue testigo de las importantes contribuciones proféticas de Hageo y Zacarías. Además, ese período fue muy importante en el proceso de renovación de la esperanza mesiánica de la comunidad judía.

La crisis en el imperio, unida al entusiasmo que produjeron las profecías mesiánicas en torno a Zorobabel, fueron factores importantes para que el Templo se reconstruyera e inaugurara en el año 515 a.C. Este Templo, conocido como el «Segundo Templo», que posteriormente fue embellecido por Herodes el Grande y destruido por los romanos en el año 70 d.C., no podía compararse con el Templo de Salomón. El culto tampoco era una reproducción de la experiencia pre-exílica. Sin embargo, tanto el Templo como el culto eran símbolos de unidad dentro de la comunidad, afirmaban la continuidad del culto histórico y religioso con el Israel pre-exílico y, además, celebraban la importancia de las tradiciones judías para el futuro del pueblo.

Nuestro conocimiento de la comunidad judía luego de la reconstrucción del Templo no es extenso. Las fuentes que están a nuestra disposición son las siguientes: las referencias que se encuentran en los libros bíblicos de Crónicas, Esdras y Nehemías; lo que podemos inferir de los libros de los profetas Abdías, Zacarías y Malaquías; los descubrimientos arqueológicos relacionados con esa época; y ciertamente la historia antigua. Todas estas fuentes apuntan hacia el mismo hecho: la comunidad judía, aunque había superado la crisis del retorno y la reconstrucción, estaba esencialmente insegura y se sentía defraudada. Las esperanzas que anidaron y soñaron en el exilio no se materializaron, y las expectativas mesiánicas en torno a Zorobabel no se hicieron realidad. La comunidad judía restaurada no era una sombra del Israel pre-exílico. El sueño y la esperanza fueron sustituidos por el desánimo y la frustración.

La historia de la comunidad judía en Jerusalén estuvo estrechamente relacionada con la historia del imperio persa. Darío l, quien gobernó el imperio durante los años 522-486 a.C., no solo desplegó su poder militar, sino que, además, demostró gran capacidad administrativa. Al mantener la política expansionista de sus predecesores, dividió el imperio persa en veinte satrapías o distritos administrativos semiautónomos. Cada satrapía tenía su gobernante, con el título de «sátrapa», a quien los gobernadores locales debían informar. Un cuerpo militar supervisaba al sátrapa y respondía directamente al rey persa. El sistema intentaba establecer un balance de poderes en los diversos niveles administrativos, políticos, económicos y militares del imperio. Durante la administración de Darío I, en efecto, Persia alcanzó uno de los momentos más importantes de su historia.

Jerjes sucedió a Darío l y reinó sobre el imperio persa durante el período 486-465 a.C. Sin embargo, sus habilidades como administrador y militar no estuvieron a la altura de su padre y predecesor. En el proceso de afianzarse en el poder, se ocupó de detener una revuelta que se había desarrollado en Egipto y, posteriormente, otra en Babilonia. Al superar la dificultad en Babilonia, se presentó ante el pueblo como rey.

El programa militar de Jerjes incluyó las siguientes campañas: invadió Grecia; cruzó Macedonia; destruyó a un grupo de espartanos en Termópilas, conquistó Atenas e incendió la Acrópolis. Y luego de una serie de fracasos en Salamina, Platea y Samos, Jerjes se retiró de Europa. Finalmente fue asesinado.

Artajerjes I Longímano sucedió a Jerjes y gobernó el imperio persa durante el período 465-421 a.C. Durante ese tiempo la inestabilidad y debilidad del imperio fue creciendo. Las campañas militares que se llevaban a cabo en Asia, Europa, los países del Mediterráneo y Egipto, fueron algunos de los factores importantes en el debilitamiento continuo del poderoso imperio persa.

La llamada «neutralidad» política de Persia fue un factor que afectó continuamente la vida de las comunidades judías dentro del imperio. Desde la inauguración del Templo en el año 515 a C. hasta el año 450 a.C., se pueden identificar varias comunidades judías en diferentes lugares del imperio. Aunque no poseemos mucha información de muchos de estos grupos, la presencia de judíos en la llamada «diáspora» es un aspecto histórico importante para comprender de forma adecuada la experiencia post exílica de la comunidad judía.

En Babilonia, que era el centro de la vida judía en la diáspora, la comunidad crecía; prosperaron económica y políticamente. En Sardes o Sefarad, Asia Menor, se tiene conocimiento de la existencia de una comunidad judía, aunque no se poseen detalles precisos. En Elefantina, Egipto, se conoció otra muy importante comunidad judía, que era un grupo próspero con cierta independencia religiosa: ¡construyeron un templo alterno al de Jerusalén! Los descubrimientos arqueológicos que se han encontrado en ese lugar son una fuente de información muy importante para el estudio y comprensión de este período.

Luego de la reconstrucción del Templo, el número de judíos que se animó a regresar a Jerusalén aumentó. Las listas que se encuentran en Esdras y Nehemías posiblemente se relacionan con un censo de la población de Judá realizado en la época de Nehemías. Un buen número de éstos, aproximadamente 50 000 habitantes, deben haber llegado luego de que se reconstruyó e inauguró el Templo.

GOBIERNO DESDE SAMARIA

Durante la administración persa, Judá era parte de la quinta satrapía conocida como «la del otro lado del río», en referencia al río Éufrates. Y era gobernada posiblemente desde Samaria. Los asuntos locales estaban bajo la incumbencia de los sumos sacerdotes, entre los cuales debemos identificar a Josué, luego a Joacim, a quien le sucedió Eliasib, después Joiada, luego Jonatán y, posteriormente, Jadúa (Neh 12:10, 26).

El análisis de las dinámicas entre esos dos niveles administrativos revela que deben haber estado en conflicto continuo y creciente. Los oficiales de Samaria no sólo impusieron cargas tributarias excesivas al pueblo, sino que fomentaron el enfrentamiento entre los judíos y el imperio persa (Neh 5:4,14-19; Esd 4:6).

La comunidad judía de Jerusalén se sentía completamente insegura. Las relaciones con los samaritanos eran cada vez más tirantes y conflictivas. A su vez, ese fue un período en el que los árabes de la región se encontraban en un proceso de reorganización y reconquista. Sus incursiones militares en Transjordania hicieron que los edomitas se fueran de sus tierras y se ubicaran al sur de Palestina, hasta llegar al norte de Hebrón. Para los judíos esas no eran buenas noticias, pues tradicionalmente las relaciones entre las comunidades judías y edomitas no eran las mejores (Abd 1-14,15-21).

Con este marco histórico de referencia podemos identificar algunas de las causas de la inseguridad de la población judía de Jerusalén durante el reinado de Artajerjes I: la hostilidad continua de parte de los samaritanos, la enemistad con los edomitas que se acercaban, el desarrollo político y militar de Egipto, y las dificultades continuas con el imperio persa fomentadas por los samaritanos.

Frente a esta realidad, la comunidad judía decidió reconstruir las murallas de Jerusalén y fortalecer la ciudad. Este fue el entorno político y social que antecedió la llegada de Nehemías a la ciudad de Jerusalén en el año vigésimo del rey (445 a.C.; Neh 2:1-10).

LA VIDA ESPIRITUAL DE LA COMUNIDAD JUDÍA

La realidad política, económica y social de la comunidad judía post exílica ciertamente afectó su condición moral y espiritual. Nuestras fuentes para descubrir, analizar y comprender esa dinámica interna del pueblo, luego de la inauguración del Templo de Jerusalén, son los mensajes proféticos contenidos en los libros de Isaías y Malaquías, y el material que se encuentra en las memorias de Nehemías.

Luego de la inauguración del Templo en el año 515 a.C., la comunidad judía adquirió un carácter de culto y religioso. Al percatarse que formaban parte de un imperio muy bien organizado y poderoso, reinterpretaron las tradiciones antiguas del Israel pre-exílico, a la luz de las nuevas realidades políticas, sociales y religiosas post-exílicas. Aunque el culto carecía de su antiguo encanto y esplendor, éste volvió a ser el centro de la comunidad judía.

La condición moral y espiritual del pueblo puede entenderse a la luz de las siguientes realidades: los sacerdotes hacían caso omiso de la Ley y ofrecían en sacrificio animales hurtados, enfermos, ciegos y cojos (Mal 1:6-14); la Ley era interpretada con parcialidad e injusticia (Mal 2:1-9); el sábado o día de reposo, que se había convertido en un importante símbolo del pacto o alianza durante el período exílico, no era guardado debidamente (Neh 13:15-22); la comunidad subestimó sus responsabilidades económicas, como los diezmos y las ofrendas, obligando a los levitas a abandonar sus responsabilidades referentes al culto para subsistir (Mal 3:1-10); la fidelidad a la Ley era cuestionada (Mal 2:11; 3:13-15); los divorcios se convirtieron en un escándalo (Mal 2:13-16); se engañaba a los empleados y se oprimía al débil (Mal 3.5); se embargaban los bienes de los pobres en tiempos de escasez y crisis o se vendían esclavos para pagar impuestos y deudas (Neh 5:1-5); y los matrimonios entre judíos y paganos se convirtieron en una seria amenaza para la identidad de la comunidad (Mal 2:11-16; Neh 13:22-27).

Ese era el contexto religioso, moral y espiritual de Jerusalén: una comunidad judía desmoralizada y desanimada, que permitía una práctica religiosa superficial, sin afirmar, entender, celebrar o compartir los grandes postulados éticos y morales de la fe de los profetas clásicos de Israel, tales como Isaías, Jeremías y Ezequiel, entre otros. Tanto la realidad política como las vivencias espirituales requerían cambios fundamentales, reformas radicales y transformaciones profundas.

EL LIBRO DE ISAÍAS Y EL ENTORNO SOCIAL DE LOS JUDÍOS

La dinámica social y la vida de la comunidad judía luego del exilio se relaciona con, por lo menos, cuatro grupos básicos: los judíos que regresaron de Babilonia; los judíos que permanecieron en Judá y en Jerusalén; los extranjeros que convivían con los judíos, particularmente en Jerusalén; y los judíos de la diáspora. La comprensión de las expectativas, necesidades y características teológicas de cada grupo, junto con el estudio de las relaciones entre ellos es fundamental para el análisis global o canónico del

Libro de Isaías, pues la redacción final de la obra posiblemente se llevó a cabo durante el período persa en Jerusalén.

Aunque el Libro de Isaías contiene importantes profecías, poemas y narraciones que nacen en la actividad y la palabra del profeta del siglo VIII a.C., e incluye además magníficos poemas que ciertamente pueden relacionarse con el período exílico, la redacción final de la obra se puede analizar a la luz del regreso de los deportados a Babilonia a Jerusalén. El análisis de la sección final del Libro (Is 56—66), que es también conocida en círculos académicos como «la tercera sección del Libro Isaías», puede ser de gran ayuda para la comprensión de la redacción final de todo este tan importante libro profético.

Por la situación política y social de Judá, y la condición religiosa y espiritual de la comunidad judía en general, se generó en Jerusalén un conflicto muy serio en torno al futuro del pueblo. Los temas y asuntos básicos de la vida comenzaron a analizarse en el contexto en que vivían. El pueblo y sus líderes volvieron a ponderar las implicancias teológicas y prácticas del pacto y del éxodo; evaluando nuevamente la naturaleza misma de ser pueblo de Dios. ¿Qué significaba ser el Dios de la historia? ¿Cuál era la misión fundamental del pueblo de Dios en el mundo? ¿Significaría el juicio divino el rechazo permanente de Dios?

Se descubrieron, en la minuciosa y atenta lectura de Isaías (Is 56—66), dos grandes tendencias sociales, teológicas y políticas en la comunidad judía.

Por un lado, existía un grupo sacerdotal con características bastante definidas: controlaba el culto oficial en el Templo reconstruido y contribuía de forma importante al establecimiento de la política en los judíos de Judá y de la diáspora, mediante diálogos y negociaciones con las autoridades persas. Ciertamente este grupo, que muy bien puede ser caracterizado como «sacerdotal», era muy pragmático, realista y anti escatológico; estaba dispuesto a hacer prevalecer sus intereses a toda costa. En efecto, estaba preparado hasta para pactar con Persia si los acuerdos favorecían sus necesidades políticas y apoyaban sus programas religiosos en Jerusalén.

En contraposición al llamado grupo «sacerdotal», surgió otro relacionado espiritual y teológicamente con el profeta Isaías, y con otros profetas que continuaron la predicación y contextualización del mensaje de este. Se caracterizaba por afirmar y responder a las necesidades del pueblo y por tener una percepción más democrática del liderazgo religioso. Este segundo grupo, que podría catalogarse como «profético», representaba la oposición firme al sector sacerdotal tradicional en Jerusalén: el sacerdocio, para este singular grupo, se debía extender a toda la comunidad, y aunque mostraba una gran apertura hacia los extranjeros, los miembros de este grupo no estaban dispuestos a hacer componendas con el imperio persa. Particularmente importante para el grupo «profético» era el sentido escatológico que manifestaba, pues los miembros de la comunidad esperaban la intervención extraordinaria de Dios en medio de la historia.

El continuo choque entre estas dos mentalidades, perspectivas distintas de la vida y tendencias teológicas produjo el entorno histórico necesario para comprender adecuadamente la sección final del Libro de Isaías (Is 56—66). Esa dinámica, además, fue la fuerza social, el contexto teológico y el semillero temático que produjo la redacción final de todo el libro. Los conflictos políticos y religiosos que se produjeron en Judá, y particularmente en

Jerusalén, en el contexto de las relaciones entre estos dos grupos, fue el marco de referencia básico para la redacción final de una extraordinaria y monumental obra profética: el Libro de Isaías.

La redacción final del Libro de Isaías puede ubicarse en el período persa por dos razones básicas. En primer lugar, se identifica específicamente a Ciro como el «ungido del Señor» (Is 45:1), que ciertamente alude al gran decreto de liberación de los judíos que marcó el fin del exilio en Babilonia (538 a.C.) e identifica el comienzo de la hegemonía persa sobre Judá y Jerusalén.

Otro dato importante para la identificación del contexto histórico de la redacción final del Libro de Isaías es la referencia a Edom en el capítulo 63:1-6. Luego del exilio en Babilonia, los edomitas manifestaron una gran enemistad y falta de solidaridad hacia los judíos; esa dinámica de hostilidad generó la profecía abiertamente anti edomita de Abdías. Es importante añadir, además, que en las obras de Esdras y Nehemías no se menciona a Edom; este silencio puede ser una indicación que ya para mediados del siglo v a.C. esta nación no representaba una preocupación seria para la comunidad judía.

LA SOCIOLOGÍA DE LA DESESPERANZA Y LA TEOLOGÍA MESIÁNICA

El entorno general de la profecía del Libro de Isaías se relaciona con la crisis del exilio en Babilonia. El gran mensaje del profeta es que, ante las grandes dificultades históricas de los judíos, el Dios bíblico, que en el Libro se identifica como el Santo de Israel, tiene una palabra de esperanza y de restauración. La última palabra no la tiene la crisis, la deportación ni el exilio, sino el Señor. Y esa expresión divina trae esperanza y restauración.

El genio del profeta Isaías y sus seguidores le posibilitó no amilanarse ante las grandes adversidades históricas del pueblo, manteniéndose fieles a su mensaje de restauración y vida. Ante las adversidades políticas, sociales, económicas y militares, el extraordinario Libro del profeta Isaías presenta una palabra de auxilio, restauración y esperanza. Ante las desesperanzas humanas responde con la teología de la esperanza.

Esa dualidad histórica y teológica es la que propició el ambiente para el desarrollo de la teología mesiánica en la Biblia. El Mesías o Ungido de Dios llega para ser agente divino en medio de todas esas dinámicas conflictivas que atentaban contra la vida misma del pueblo de Dios. Los poemas y cánticos del Siervo Sufriente del Señor son la expresión profética que anuncia y afirma la palabra de esperanza en medio de la crisis.

El gran Mesías llega a la humanidad para vivir la voluntad divina como respuesta a las adversidades que tienen el potencial de la muerte del pueblo. Y ese Mesías siervo enseña el camino para transformar las tristezas y adversidades en alegrías y celebraciones.

Una de las enseñanzas más importantes de Isaías es que el pueblo de Dios no debe acostumbrarse a vivir la sociología de la desesperanza. Esas dinámicas de angustia y dolor no pueden entenderse como el ambiente normal y final de las comunidades de fe. La gran enseñanza de Isaías es que el Mesías tiene el deseo, la capacidad y el compromiso de responder a esas realidades adversas de dolor con una teología de esperanza, vida y redención.

Para la iglesia cristiana ese Mesías y Siervo del Señor se relaciona con la figura histórica de Jesús de Nazaret. Jesús es el Ungido de Dios que encarna el mensaje del Mesías de Isaías y lo presenta como su programa misionero fundamental en Lucas 4.

Es un Mesías, el predicador de Nazaret, con capacidad para redimir y salvar. También tiene el compromiso y el deseo de responder a los problemas y quebrantos de la vida, pues por sus acciones y palabra la gente puede ser sanada.

CAPÍTULO 1

LA VISIÓN DE ISAÍAS

«En el año que murió el rey Uzías vi yo al Señor sentado sobre un trono alto y sublime, y sus faldas llenaban el templo.

Por encima de él había serafines; cada uno tenía seis alas; con dos cubrían sus rostros, con dos cubrían sus pies, y con dos volaban.

Y el uno al otro daba voces, diciendo: Santo, santo, santo, Jehová de los ejércitos; toda la tierra está llena de su gloria.

Y los quiciales de las puertas se estremecieron con la voz del que clamaba, y la casa se llenó de humo.

Entonces dije: ¡Ay de mí! que soy muerto; porque siendo hombre inmundo de labios, y habitando en medio de pueblo que tiene labios inmundos, han visto mis ojos al Rey, Jehová de los ejércitos.

Y voló hacia mí uno de los serafines, teniendo en su mano un carbón encendido, tomado del altar con unas tenazas;

y tocando con él sobre mi boca, dijo: He aquí que esto tocó tus labios, y es quitada tu culpa, y limpio tu pecado.

Después oí la voz del Señor, que decía: ¿A quién enviaré, y quién irá por nosotros? Entonces respondí yo: Heme aquí, envíame a mí.

Y dijo: Anda, y di a este pueblo: Oíd bien, y no entendáis; ved por cierto, mas no comprendáis.

Engruesa el corazón de este pueblo, y agrava sus oídos, y ciega sus ojos, para que no vea con sus ojos, ni oiga con sus oídos, ni su corazón entienda, ni se convierta, y haya para él sanidad.

Y yo dije: ¿Hasta cuándo, Señor? Y respondió él: Hasta que las ciudades estén asoladas y sin morador, y no haya hombre en las casas, y la tierra esté hecha un desierto;

hasta que Jehová haya echado lejos a los hombres, y multiplicado los lugares abandonados en medio de la tierra.

Y si quedare aún en ella la décima parte, ésta volverá a ser destruida; pero como el roble y la encina, que al ser cortados aún queda el tronco, así será el tronco, la simiente santa.»

—ISAÍAS 6

LA VISIÓN

El relato de Isaías 6 describe una experiencia transcendental, transformadora y única en la vida. El profeta articula en palabras lo indescriptible que sólo puede trasmitirse en un idioma simbólico, figurado y místico, en el lenguaje de la poesía. Comunica, de forma directa, el encuentro entre lo divino y lo humano, que influyó de forma extraordinaria y permanente en su vida y vocación. Presenta el drama de la conversación fundamental que debía transformar reyes, individuos, pueblos y comunidades enteras.

El texto bíblico describe un instante sublime de iluminación, purificación, contemplación, transformación. El relato presenta un momento de revelación, desafío, comisión, mandato. La narración, con sus imágenes penetrantes y belleza poética, nos lleva al terreno de lo inefable e indescriptible: Dios habla con el profeta y lo comisiona directamente a cumplir un mandamiento fundamental en la vida. El profeta, por su parte, transportado en la visión al palacio celestial, es incorporado en este singular diálogo divino-humano, y responde de modo afirmativo al singular desafío y pedido de Dios.

La unidad temática y literaria del pasaje se pone de manifiesto de forma clara. Comienza con una referencia histórica precisa: la muerte del rey Uzías (Is 6:1) y finaliza con la alusión a un tiempo indefinido de restauración y salvación (Is 6:13). La redacción se articula en primera persona singular —como si el relato fuera parte de las memorias del profeta— y posiblemente es parte de la sección del libro que se relaciona con la guerra siro-efraimita (Is 6:1—9:6), aunque toda la sección debe haber sido posteriormente revisada por los redactores finales para aplicar el mensaje a las crisis posteriores con Asiria y Babilonia. La relación temática de toda la sección se pone claramente de manifiesto en la comisión dada al profeta de predicar el «endurecimiento del corazón» del pueblo y su «cumplimiento» en la respuesta del rey Ajaz, representante de «ese pueblo», al mensaje del profeta.

Tradicionalmente este relato bíblico se ha entendido e interpretado como «la vocación del profeta Isaías», pues se cree que la experiencia descrita pone en evidencia clara el momento del descubrimiento de la conciencia profética y vocacional de Isaías. Esa interpretación de la visión de Isaías, que es tan común y popular en los círculos homiléticos, no necesariamente agota las posibilidades de interpretación, pues la narración enfatiza la comisión y el mensaje específico que el profeta debía presentar al pueblo luego de la muerte del rey, particularmente en el entorno de la guerra siro-efraimita.

RELATOS DE LA VOCACIÓN PROFÉTICA

Aunque con el relato de la visión de la gloria de Dios el profeta legitima su vocación y presenta sus auténticas credenciales del llamado de Dios y envío ante el pueblo, posiblemente Isaías ya había comenzado su ministerio profético antes de tener la experiencia descrita en el capítulo seis de su libro. Además, la redacción del relato presupone la reflexión posterior y sosegada del profeta luego de la experiencia, al evaluar la reacción del pueblo al contenido de su mensaje.

Es muy interesante e importante notar, además, que el relato en ningún momento identifica con claridad al profeta. Ese silencio literario posiblemente está fundamentado en la convicción del redactor de la narración de que el lector, sin mucha dificultad, relacionará la visión descrita con el profeta Isaías del siglo VIII a.C., quien claramente se identifica previa (Is 1:1; 2:1) y posteriormente (Is 7:1—8:18).

La narración puede dividirse en cinco secciones temáticas principales: la primera (Is 6:1-5) presenta la teofanía en la corte del palacio celestial (o quizá en el Templo de Jerusalén); en la segunda (Is 6:6-7) se describe la consagración del profeta, particularmente se alude al fundamental proceso de purificación ritual y ética; la tercera sección (Is 6:8-10) incluye el mandamiento divino al profeta para «este pueblo», que revela el corazón del mensaje profético; en la cuarta (Is 6:11) se revelan las inquietudes y las preocupaciones del profeta; y, finalmente (Is 6:12-13), se añade un elemento adicional de juicio divino con alguna posibilidad tenue de esperanza y restauración.

El análisis literario y temático del texto hebreo manifiesta algunos paralelos con otras porciones de las Escrituras. La relación más cercana y clara es posiblemente con la narración en torno a Micaías ben Imlah (1 R 22): Micaías vio las «huestes [o ejércitos] de los cielos» e Isaías vio «al Señor de los ejércitos [o de las huestes celestiales]»; ambos ven al Señor como Rey; y las comisiones vocacionales de los dos profetas incluyen diálogos o conversaciones celestiales (1 R 22:21 e Is 6:11).

En referencia a los relatos de vocación profética en general, los estudiosos han descubierto en la Biblia por lo menos dos tipos de estructuras literarias básicas. En la primera se incluye el elemento de incomodidad y temor al rechazo inclusive de parte de la persona identificada y llamada. Esa actitud de inseguridad debe ser superada por alguna acción divina particular, como la persuasión y la seguridad por medio de señales o revelaciones especiales. En algunas ocasiones la seguridad se trasmite mediante la afirmación de un firme y claro «no temas» de parte de Dios. Este primer tipo de estructura literaria posiblemente tomó forma en las narraciones de vocación de los principales líderes carismáticos de Israel (p.ej: Moisés, Gedeón, Saúl y Jeremías).

En el segundo tipo de estructura vocacional, el elemento visual tiene una importancia capital y la persona comisionada está dispuesta a responder positivamente al llamado divino. Además, en esta estructura el profeta es llevado ante el «concilio celestial», o ante la presencia de Dios, donde participa activamente de la conversación y del proceso de comisión. Este estilo vocacional se puede relacionar no sólo con los profetas Isaías y Micaías, sino también con Ezequiel.

Los relatos de las visiones proféticas generalmente se presentan en primera persona singular; es decir, el profeta mismo (o quizá su amanuense o secretario) articula, describe y comunica su experiencia en forma autobiográfica. Este particular estilo se manifiesta con regularidad en las visiones de Micaías (1 R 22:17, 19-23), Amós (Am 7:1-9), Zacarías (Zac 1:8—6:8), Ezequiel (Ez 1—3) y Jeremías (Jer 1:11-19). Esa forma autobiográfica también es común en el libro de Isaías, particularmente en la sección relacionada con la guerra siro-efraimita (Is 7:1—8:23).

Esas singularidades literarias nos hacen pensar que el profeta Isaías redactó los elementos básicos y fundamentales del relato (o por lo menos los dictó). El relato de la visión incluye esencialmente la percepción del profeta en relación a su experiencia de llamado y comisión. La evaluación de la teofanía o revelación divina de la narración es fundamental para el análisis y la comprensión de todo el libro del profeta. El tono sombrío del mensaje y la referencia al «endurecimiento del corazón del pueblo» (Is 6:9-11) pueden ser indicadores de que el relato incluye reflexiones posteriores del profeta al percatarse de las reacciones adversas del pueblo a su mensaje.

De acuerdo con el versículo 1, la visión de Isaías se produjo en el año de la muerte del rey Uzías (ca.739 a.C.). Algún tiempo después de la muerte del monarca, el profeta reflexionó sobre las implicancias políticas, sociales y religiosas de esos acontecimientos y redactó su experiencia. De particular importancia para las dinámicas teológicas y sicológicas del profeta son los conflictos bélicos de Judá contra Israel y Siria. El rey Acaz no quiso escuchar el mensaje de confianza y seguridad que presentó el profeta, preparando el escenario para el cumplimiento de la palabra profética de Isaías.

La visión de Isaías, que ha sido descrita como un tipo de «unidad kerigmática» para enfatizar la continuidad literaria y la pertinencia teológica del mensaje, más que un relato inicial de llamado vocacional describe esencialmente el encuentro con lo eterno y el diálogo del profeta con Dios en el «concilio celestial». En ese singular diálogo se incluyen, además, varias formas literarias importantes. Es ciertamente un relato teofánico, pues Dios mismo presenta la comisión del profeta y subraya el mensaje de juicio al pueblo. La finalidad de la narración es afirmar la extensión y la naturaleza de las acciones divinas contra Israel y Judá, como resultado de las políticas impropias del rey Uzías.

LA TIERRA ESTÁ LLENA DE SU GLORIA

6:1. El año de la muerte del rey Uzías es posiblemente el 739 a.C. (2 R 15:7; 2 Cr 26:23). El texto bíblico ubica el ministerio profético de Isaías en un entorno histórico, político y social preciso.

Los profetas bíblicos se preocuparon por relacionar sus mensajes con eventos de importancia histórica particular. De esa forma ponían de manifiesto lo fundamental de la contextualización de la revelación divina; además, subrayaban lo prioritario de la pertinencia y la relevancia del mensaje profético. El componente histórico de las intervenciones salvadoras de Dios se pone nuevamente de manifiesto. El rey, que estuvo enfermo de lepra por algún tiempo (2 R 15:5), gobernó junto a su hijo Jotam como su regente. Uzías era su nombre común, y posiblemente Azarías posiblemente era su nombre oficial como monarca.

El profeta indica que «vio al Señor». No estaba interesado en explicar los detalles de su experiencia, sólo la describe en términos visuales. En efecto, el uso de la palabra «visión» revela la naturaleza y extensión de la teofanía y revelación divinas. Además del acto visual específico, la palabra hebrea alude también a la experiencia de percatarse de algo extraordinario y fundamental en la vida. No eran estáticos los profetas, pues no perdían la razón ni la conciencia ni disminuían sus capacidades de análisis crítico. Tampoco eran místicos, pues no se «fundían en Dios», alcanzando un estado extraordinario y sublime de espiritualidad.

Los profetas eran personas fieles a Dios y comprometidas con el pueblo, que anunciaban los juicios y designios divinos. También eran agentes del arrepentimiento y la contrición, pues el Dios bíblico incentiva las posibilidades del perdón y la restauración. En esa tradición profética se hallaba Isaías.

La referencia al trono «alto y sublime» alude no sólo al Templo de Jerusalén, que pudo haber sido el contexto inmediato del profeta, sino al santuario celestial en el que se encuentra Dios como Rey de su pueblo y Señor de las huestes de los cielos. El profeta no ve ni describe al Señor, sino afirma la magnificencia del trono. De forma indirecta pone el énfasis en la grandeza divina. Y su presencia gloriosa se subraya con la descripción de su entorno inmediato.

La imagen «sus faldas llenaban el templo» sugiere la idea de que Dios era concebido como un coloso o gigante (Jer 20), con vestiduras que llenaban el lugar sagrado. El texto revela la relación íntima entre el palacio eterno de Dios y el Templo de Jerusalén, el cual era la representación humana del diseño divino. El profeta es transportado en visión al lugar de la teofanía, que es el santuario celestial.

6:2. Los serafines eran criaturas extraordinarias concebidas en Israel como serpientes con alas; además tenían rostro, manos y pies como las personas. Poseían tres pares de alas: con dos se cubrían el rostro, en deferencia a la presencia y la santidad de Dios; con dos volaban, para cumplir con sus funciones de servicio al Señor; y con las otras dos se cubrían «los pies», que era una forma eufemística de referirse a sus partes genitales. En Israel se pensaba que nadie podía ver a Dios y vivir (Éx 33:20; Jue 13:22); además, se evitaba mencionar las partes privadas del cuerpo, por la relación íntima que había entre el sexo y el sentido de culpa (Éx 4:25; Is 7:20).

La imagen de la serpiente era común en el simbolismo y la mitología de Egipto; inclusive, una cobra alada se incluía en los adornos del trono y la corona del faraón. En Israel, posiblemente, estas criaturas se percibían como servidoras y guardianas del trono del Señor, comparable a los querubines que estaban en el santuario interior del Templo de Jerusalén. Aunque no hay evidencia de que en el Templo hubiera serafines, el texto bíblico indica que, en efecto, había una serpiente de bronce que fue removida durante el reinado de Ezequías (2 R 18:4).

Los relatos bíblicos que incluyen referencias al trono de Dios, regularmente presentan e identifican a las «huestes celestiales», pero utilizan expresiones variadas y diferentes: por ejemplo: «querubines» (Gn 3:24), «espíritus» (2 R 22:21), «hijos de Dios» y «adversario» (Job 1:6).

6:3. El cántico de los serafines «santo, santo, santo», que ciertamente es un acto de alabanza, adoración y humildad ante Dios, debe ser un eco de la liturgia del Templo, que posteriormente se incorporó en el culto cristiano (Ap 1). La aclamación y alabanza se dirige a Dios como Señor de los ejércitos, que ciertamente debe haber sido el nombre divino utilizado en el culto de Jerusalén. La afirmación de las criaturas, «que Dios es tres veces santo» y que la tierra está llena de su «gloria», por un lado, representa la esencia y naturaleza divinas; y por el otro, afirma su poder sobre la humanidad y el cosmos.

La afirmación de la santidad divina (en hebreo, *kadosh*) es una contribución fundamental del libro de Isaías a la teología bíblica y también a la comprensión humana de la naturaleza divina. Uno de los títulos de Dios que se utiliza con mayor frecuencia en el libro es «El Santo de Israel» (p.ej., Is 1:4; 5:16,19,24; 10:20; 30:11). La santidad describe efectivamente la naturaleza interna de Dios, que ciertamente tiene inmediatas repercusiones éticas y pragmáticas para el pueblo y la comunidad (véase particularmente Is 1:10-18). La santidad divina revela, además, su trascendencia y subraya su rectitud: por un lado, se manifiesta lo extraordinario e inimaginable del Señor; y por el otro, se afirma su dimensión moral, concreta y pertinente. El Dios santo revela su bondad, majestad y poder infinitos para contribuir a la santificación de su pueblo (Lv 19:2).

La gloria alude a la naturaleza externa y reveladora de Dios. El hebreo *kabod* no sólo trasmite la idea de presencia divina, que se representa como algo pesado, denso y luminoso, sino que también incluye el concepto de honor. El «Dios de gloria» (Sal 24:8) trasmite su esencia reveladora a la humanidad, que incluye la honra y el respeto que debe darse a su nombre y a naturaleza santa (Sal 19:1; 29:1-11; 97:2-6). En el cántico, los serafines reconocieron dos de las características y los atributos más importantes de Dios: su santidad y su gloria.

6:4. La alabanza de los serafines produjo que el lugar de la visión se estremeciera. Los umbrales o los postes de las puertas temblaron y todo el entorno físico del palacio se llenó de humo. Posiblemente el profeta, impresionado por lo extraordinario e inefable de la teofanía, sintió que su mundo se transformaba de forma repentina. La naturaleza sicológica de la experiencia es muy difícil de explicar; sin embargo, el relato pone claramente de manifiesto que ante la revelación de Dios lo físico y humano vibra, tiembla y se conmueve.

El origen del humo tiene varias posibilidades. Algunos estudiosos piensan que procede del altar del Templo, en el cual se ofrecían sacrificios; otros opinan que proviene de la boca de los serafines; y aún otros indican que viene de la condensación de las alabanzas. En cualquier caso, el lugar lleno de humo pone de relieve la naturaleza extraordinaria de la revelación divina, pues incorpora misterio y majestad a la oración; además, presenta un muy importante eco de la teofanía de Moisés en el Sinaí. El Dios que se reveló en el Sinaí, para establecer la alianza o el pacto con el pueblo de Israel, se manifiesta ahora nuevamente a un profeta que debía explicar las implicaciones morales, éticas y espirituales de la revelación divina.

6:5. Como respuesta a la teofanía, el profeta, admirado y sorprendido exclama: «¡Ay de mí! que soy muerto». El clamor profético, ante la visión y los cánticos de los serafines, incluye sentimientos de dolor, temor, coraje. La expresión ciertamente funde la sorpresa y la admiración con el temor y la angustia. Ante la revelación divina, el profeta teme por su vida por varias razones: en primer lugar, ha visto al Señor, Rey de los ejércitos; además, es un hombre de labios impuros y habita en medio de un pueblo con las mismas características de impurezas.

El temor del profeta inicialmente se basa en que nadie puede ver a Dios y vivir; además, es consciente de su pequeñez y sus limitaciones. Esa percepción teológica en el pueblo de Israel se manifiesta claramente en la Escritura (Éx 24:10), pues se acentúa la diferencia entre la naturaleza santa divina y la esencia pecaminosa humana. El verbo hebreo «ver», en estos contextos de revelaciones especiales de Dios, indica algo más que mirar o contemplar; en efecto, incluye la idea de asimilar y apoderarse de algunas partes de lo que se ha visto. En ese sentido el ser humano no puede resistir la extensión y radicalidad de la naturaleza santa de Dios.

La exclamación profética también incluye un reconocimiento de culpa, revela un acto de humillación. Acepta de esta forma el profeta que es hombre de «labios impuros»; además, entiende que es parte de una comunidad que manifiesta la misma condición de pecaminosidad. Isaías reconoce su culpa por haber hablado lo impropio e inadecuado, y también por haber permanecido callado en momentos de necesidad de palabra profética. La expresión es un reconocimiento público de la naturaleza humana general y también de su condición particular; es una aceptación del pecado que se lleva a cabo al hablar (Éx 20:7,16; Sal 15:3; Pr 10:18-21) o al callar imprudente o cobardemente.

El profeta ya no es un predicador común; es un ser humano que ha presenciado, en el palacio celestial, una revelación divina; y esa experiencia transformadora lo ha movido a reconocer su condición humana y a aceptar la realidad de maldad en la vida de su pueblo.

6:6. El profeta, de pronto, es testigo de la manifestación de la gracia y la misericordia de Dios. Uno de los serafines vuela y, con unas tenazas provenientes del altar, toma un carbón encendido con el cual toca los labios del profeta. Es un acto de purificación, un instante de consagración, un momento de transformación, un evento de cambio, un proceso de renovación y una ceremonia de perdón. El profeta, repentinamente, se incorpora a la visión, ya no como un espectador de la teofanía sino como partícipe de la revelación. El que ha sido llamado, en efecto, debe cumplir el mandato divino (Éx 3:10; Jer 1:7; Ez 2:4).

El serafín interactúa con el profeta. El objetivo es prepararlo para la comisión, adecuarlo para el desafío. Lo visual y audible se convierten ahora en una experiencia palpable, una vivencia íntima.

6:7. Con la purificación de sus labios, el profeta recibe el perdón y está preparado para recibir la interpelación divina, para escuchar el mandato de Dios. El serafín preparó al profeta para que se convirtiera en mensajero de Dios. No necesariamente es una ceremonia de ordenación ministerial y profética la que se presenta, sino un proceso de preparación física y espiritual, un acto de transformación emocional y personal.

Las palabras «culpa» y «pecado» con regularidad en los textos hebreos de la Biblia se encuentran juntas. Sin embargo, aunque están semánticamente relacionadas, no son sinónimas. El pecado, que se presenta en singular en el relato, alude no sólo a las transgresiones individuales del pueblo. Describe, en efecto, la naturaleza íntima de la humanidad en general y del profeta en particular. Los pecados individuales generan una condición que requiere la intervención extraordinaria de Dios.

La «culpa», por su parte, es una respuesta humana al pecado; es el sentimiento que viene como resultado de la desobediencia a la voluntad divina; y es el estado anímico que genera la rebeldía. Al perdonarse el pecado, desaparece la culpa.

6:8. Una vez que el serafín consagra y purifica al profeta, y luego de que su pecado es perdonado, el profeta está preparado para recibir de primera mano el mandamiento divino. ¡La visión dio paso a la misión! Ante el asombro del profeta, se escucha el diálogo celestial: «¿A quién enviaré? ¿Quién irá por nosotros?».

Las preguntas revelan el entorno de una conversación importante. El profeta escucha el diálogo en el concilio celestial. Isaías es testigo de una deliberación extraordinaria. El versículo incluye la antigua percepción teológica israelita de que Dios, como Rey en su corte, dialogaba con las huestes celestiales y recibía el consejo de ellas (Gn 1:26; 3:22; 11:7).

La respuesta del profeta ante la conversación divina es valiente y decidida. El profeta, que se siente aludido por las preguntas, contesta con autoridad y responde como voluntario: «Heme aquí, envíame a mí». No entiende, como Jeremías, que está coaccionado o forzado a emprender un estilo de vida profético que no desea (Jer 20:7-18). Por el contrario, el relato presenta una respuesta clara, firme y en alta voz, que ciertamente revela seguridad y confianza. El profeta se siente preparado para recibir el mandato divino, para escuchar el contenido del mensaje que debía proclamar. La teofanía se convierte en desafío, la visión se transforma en invitación, la revelación se vuelve pregunta.

6:9. Una vez el profeta está preparado y dispuesto, se comunica el corazón del mensaje: «Anda, y di a este pueblo». La frase inicial «Anda y di» es parte de la fórmula corta del mensajero, que se incluía no sólo en los relatos de vocaciones proféticas (2 S 7:5; 24:12; Is 20:2; 38:5; Jer 2:2; 3:12), sino también en ámbitos seculares (2 S 18:21; 1 R 18:8, 11,14; 2 R 8:10). La expresión «este pueblo» denota distancia, rechazo y separación entre Dios y la comunidad. Ya el Señor no se dirige a Israel (Efraín) y Judá como «mi pueblo» (Is 1:2-3), pues el pecado los ha distanciado.

El contenido del mensaje es aparentemente confuso. La predicación debía hacer que el pueblo escuchara sin entender y viera sin comprender. El objetivo era anunciar la palabra que no iba a asimilarse ni aceptarse. ¡Ciertamente el éxito del profeta era también su fracaso como pregonero de la voluntad divina! ¡Su fidelidad a la vocación era el fundamento del rechazo del pueblo!

La comprensión del texto y del mensaje debe incluir una nota importante de ironía, pues el anuncio profético intenta, de forma apasionada, firme y sincera, motivar cambios radicales, incitar transformaciones profundas, generar conversiones permanentes. El versículo, que debe haberse redactado luego de que el profeta llevara algún tiempo a cabo su ministerio público en Jerusalén, incluye no sólo el mandato original de Dios, sino su reflexión en torno a la experiencia con el pueblo, que no respondió positivamente su llamado a la confianza y seguridad.

6:10. El tema y mensaje de juicio que se inicia en el versículo anterior, ahora se expande aún más. El profeta debía anunciar el mensaje divino y la respuesta sería el «endurecimiento del corazón»; que debía oír y no entender, ver y no comprender. Fue enviado el profeta a proclamar la palabra divina a un pueblo que no deseaba escuchar el mensaje. El resultado paradójico del ministerio de Isaías fue el rechazo abierto del pueblo, comenzando por el rey Acaz (Is 7:12).

El corazón, en la cultura y sicología hebreas, es el asiento de la razón y de la inteligencia. El corazón endurecido describe la impotencia humana de tomar decisiones sabias, sobrias y racionales. La imagen, en efecto, alude a la incapacidad de distinguir entre lo bueno y lo malo: ciertamente presenta la actitud irracional del pueblo de no reconocer el pecado ni comprender las implicaciones de sus acciones y las consecuencias de sus hechos. De acuerdo con el mensaje de Isaías, el pueblo no tenía la capacidad de discernir y evaluar las repercusiones de su conducta impropia y pecaminosa.

El libro de Isaías presenta con regularidad las imágenes de «oír, ver, entender y comprender» (Is 1:3; 42:16-20). Ese uso sistemático de esas ideas pone de relieve no sólo la calidad literaria de la obra, sino que manifiesta la sabiduría en la comunicación de conceptos complejos, en términos asimilables y comprensibles. Además, afirma la preocupación inmediata del profeta: la conversión del pueblo. El tema del «endurecimiento del corazón» es común en el Antiguo Testamento (1 R 22:20-23; Éx 8:11,28; 9:7,34) y también en el Nuevo (Mt 13:14-15; Mc 4:12; Lc 8:10; Jn 12:40: Hch 28:26-27).

La idea final del versículo indica claramente que el escuchar con atención y ver con detenimiento produce sanidad y conversión.

Esta referencia confirma la intención del profeta: ¡Deseaba la salvación del pueblo! Si el pueblo «escucha» y «ve», que son imágenes de aceptación y obediencia, la sanidad y la salvación no son posibilidades remotas.

6:11. El profeta continúa el diálogo con una pregunta pertinente y fundamental: «¿Por cuánto tiempo?» o «¿Hasta cuándo?» Su preocupación real se relaciona no sólo con el tiempo o período de juicio sino con las posibilidades de salvación. Una implicación concreta de la pregunta, que ciertamente es una especie de objeción, es cuándo finalizará la palabra de juicio y comenzará el mensaje de esperanza y restauración. Con su pregunta, el profeta insinúa que el juicio y la destrucción de Israel no constituyen la palabra final de Dios para el pueblo.

La pregunta del profeta es también utilizada con frecuencia en los salmos de lamentos, particularmente en los lamentos comunales (p.ej., Sal 74:10; 79:5: 90:13; 94:3). Esos cánticos ponen de relieve la preocupación del pueblo ante la presión y las amenazas de sus enemigos.

Aunque en el libro de Isaías se indica que el Señor «dejó» (Is 2:6) y «escondió su rostro» (Is 8:17) de su pueblo, se puede inferir aquí también el tema de la esperanza en el mensaje del profeta. La destrucción de las ciudades, las casas y los campos será total; sin embargo, del pueblo no se dice que sería aniquilado. Ese detalle de esperanza es tomado en los próximos versículos para afirmar el futuro del pueblo. Esta lectura es particularmente grata para los lectores del libro de Isaías después del exilio en Babilonia.

6:12. Este versículo continúa el tema de la devastación y la destrucción. De particular importancia para la ubicación histórica del texto es la referencia a que el pueblo sería «echado lejos», que puede ser una alusión a la deportación ocurrida en el Reino del Norte, en el año 721 a.C. Ese período fue particularmente difícil para Israel, pues junto con la caída de Samaria el pueblo sufrió bajas extraordinarias y experimentó la penuria de la política de la deportación de los asirios.

6:13. Las complicaciones exegéticas y textuales de este versículo hacen difícil dar una sencilla explicación. El mensaje continúa el tema del juicio que se inició anteriormente. La metáfora es una de advertencia, amenazas y aniquilación. Aunque quede sólo una décima parte, que es posiblemente una referencia a Judá, el pueblo finalmente recibiría el juicio divino. La imagen de la destrucción y la referencia a ser cortados revelan la extensión y la naturaleza del juicio y el castigo.

Sin embargo, aun el fuego y las podas dejan troncos. Y ese tronco, que pasó por la destrucción y los cortes, se convierte en la semilla del futuro, que se identifica en el texto como «simiente santa». La teología del remanente o resto (Is 4:2), con otra fraseología e imágenes, vuelve a incluirse en el libro de Isaías. Dios, luego del juicio, preservará la vida de parte del pueblo para continuar su voluntad salvadora en la humanidad.

Posiblemente esta sección final del versículo es una adición postexílica que hace explícito el mensaje de esperanza que ya se deja entrever en el relato. Esa «simiente santa» puede ser una alusión a los judíos que vivieron en Babilonia y esperaban regresar al finalizar el exilio. Si la destrucción y el juicio eran parte de la voluntad inmediata del Señor para el pueblo, no puede perderse de vista que constituye parte esencial del plan salvífico de Dios para la humanidad, que ciertamente es de redención.

El relato finaliza de esta forma, con una nota de esperanza, aunque el mensaje central es de juicio. Esta palabra de esperanza no mitiga el juicio ni disminuye la naturaleza de la catástrofe; únicamente le añade a la narración el importante y necesario componente redentor que se manifiesta en el resto de la obra isaiana (p.ej., Is 7—12).

UN DIOS SANTO REQUIERE UN PUEBLO SANTO

El relato de la visión de Isaías marca un punto culminante en la teología bíblica y en la predicación de la iglesia. Desde la perspectiva escritural incluye y afirma la teología de la santidad de Dios, que representa un momento fundamental en la historia de nuestra comprensión de la naturaleza divina. Desde un punto de vista homilético y cúltico, la narración es utilizada con frecuencia en actos de ordenación, eventos misioneros y estudios litúrgicos.

El análisis del texto revela valores teológicos, educativos y pastorales que tienen repercusiones inmediatas para la misión de la iglesia que del siglo XXI. La interpretación de este singular pasaje es fundamental para las comunidades de fe que se esfuerzan por ser fieles a Dios en medio de los desafíos sociales, políticos, económicos y espirituales que enfrenta la humanidad.

De forma dramática y viva, el profeta ubica su mensaje en su entorno histórico preciso. La palabra profética está dirigida a una comunidad específica, a un pueblo en particular, en un momento real de su historia. No es un mensaje general, impreciso e impersonal, sino una palabra específica, concreta y directa al pueblo de Israel, que vivió las penurias y los desafíos de la segunda parte del siglo VIII a.C.

Esta enseñanza profética pone claramente de manifiesto la importancia de la contextualización y la pertinencia en la presentación y afirmación del mensaje de fe de la iglesia y los creyentes. Se predica y enseña a personas con necesidades reales que deben enfrentar continuamente los desafíos de vivir en entornos que, en muchas ocasiones, están saturados de pobreza, angustia, prejuicios, hostilidad y racismo. Se anuncian y afirman las buenas noticias del Reino de Dios y su justicia en medio de una sociedad en la cual los creyentes y las congregaciones son víctimas de la discriminación, la burla y el rechazo. Se presenta y comparte el mensaje de la reconciliación a una comunidad que lucha diariamente por hacer valer sus derechos y mantener sus valores. Se celebra y disfruta el culto cristiano en entornos donde la gente se esfuerza por afirmar la importancia de la integridad, el perdón y la lealtad. Y se sirve y se comparte la esperanza en sectores de la comunidad que luchan continuamente por afirmar y mantener su identidad cultural y espiritual.

En efecto, el mensaje transformador del Reino no se fundamenta en el gusto del profeta ni se presenta «a quien le pueda interesar»; es la comunicación de la voluntad divina que responde a las necesidades específicas de individuos y comunidades. Las prioridades no las determina la persona que anuncia la revelación divina; las establece, en última instancia, el reclamo de la gente y el dolor de las personas a las que se sirve. Ese poder de la aplicación de la palabra profética y la pertinencia del mensaje son los factores fundamentales para el éxito de los ministerios. La contextualización es el ingrediente indispensable para llevar a cabo programas congregacionales efectivos en las comunidades.

SANTIDAD, GLORIA Y HUMILDAD

La relación estrecha entre la santidad de Dios y la gloria divina es un postulado teológico de importancia capital, que se manifiesta con fuerza en el relato y visión de Isaías. La santidad que se revela en la adoración alude a la naturaleza interna de Dios; revela su prioridad ética; destaca su componente moral. El Dios que se reveló a Isaías está preocupado por la santidad, pues es un singular atributo divino que debe ser asimilado por el ser humano. La gloria es la manifestación externa del Señor. Representa su poder en acción; alude a su capacidad de intervención en medio de la humanidad; subraya su deseo de actuar en lo cotidiano y común del pueblo.

De acuerdo con el cántico de los serafines, la santidad divina complementa su gloria. La adoración que afirma la santidad se relaciona íntimamente con la revelación que se manifiesta a la humanidad. Es decir, el culto que celebra la santidad de Dios es también el foro para la afirmación de las intervenciones concretas del Señor en nuestra sociedad.

Según la teología del profeta, los eventos litúrgicos no pueden estar separados del reconocimiento de la acción de Dios en medio de la historia de la humanidad. El Dios santo, que se manifiesta y revela su esencia en el culto cristiano, es también el Señor que utiliza su poder para incentivar la organización de programas que contribuyen positivamente a la transformación y restauración de los individuos, las comunidades, las ciudades, las naciones, los continentes y el mundo.

Esa santidad divina es la que motiva a las personas y comunidades de fe a diseñar centros de apoyo educativo para nuestra juventud, que propician una educación adecuada que les permite rechazar las drogas como medio de vida, afirmar valores morales y estilos de vida que la preservan y subrayen una buena mayordomía del cuerpo y la existencia. Es, en efecto, la santidad de Dios la que nos impele a establecer oficinas de ayuda a madres solteras, a niños y niñas sin apoyo familiar, a ancianos y ancianas que no tienen quien los apoye en esa importante etapa dorada de la vida.

El ejemplo del profeta es fundamental en el análisis contextual de su visión. El reconocimiento de su condición pecaminosa es una clara manifestación de humildad que, además, es indispensable para llevar a cabo un ministerio profético eficaz. Isaías, al ver la gloria divina y participar del acto en que se celebra la santidad de Dios, acepta su estado de pecaminosidad y se identifica humildemente con su pueblo.

La humildad es un requisito indispensable para la comunicación efectiva del evangelio. De particular importancia es la capacidad de reconocer que somos parte de un pueblo, que pertenecemos a una comunidad. ¡Los creyentes y las congregaciones no son entes aislados de la sociedad y del mundo! La experiencia de la visión de Isaías subraya la importancia de la solidaridad en el desempeño de las funciones proféticas y pastorales. Esta enseñanza fundamental, que es requerida para cualquier profeta, es indispensable para desarrollar ministerios relevantes y transformadores en medio de la comunidad. Si no hay una encarnación en la comunidad no hay pertinencia ni transformación.

El concepto de familia, las dinámicas sociales en los barrios y las expectativas en las comunidades requieren que los profetas y líderes del pueblo acompañen a la gente en sus vivencias cotidianas. Es impostergable que los líderes ministeriales caminen con sus comunidades los complejos senderos de la vida: a la distancia no se pueden escuchar los clamores de la gente; de lejos no se pueden ver los dolores de la comunidad; estando distantes no se comprenden las angustias de las mujeres, los niños, las niñas y los ancianos; sin vivir en medio del pueblo no se pueden analizar correctamente las dinámicas sociales, políticas y espirituales subyacentes que mantienen a nuestras comunidades marginadas y a nuestros pueblos subyugados. La solidaridad, en este sentido, no es una opción extra en el diseño e implantación de los ministerios efectivos, sino un requisito indispensable.

La revelación divina no sólo identifica al profeta y lo invita a participar del diálogo íntimo y eterno, sino que lo prepara para cumplir el mandato divino de forma adecuada. El serafín, en un extraordinario acto de purificación y renovación, quemó los labios del profeta y lo preparó para su ministerio. La preparación, de acuerdo con el relato bíblico, es una parte indispensable del ministerio profético.

En una sociedad con un gran desarrollo tecnológico e informático, y en un mundo que se vuelve cada vez más pequeño debido a la globalización e internacionalización de los mercados, la preparación ministerial y la educación de las personas laicas no pueden ser relegadas, postergadas, subestimadas o eliminadas. El fundamental proceso de formación crítica de líderes necesita programas y currículos que permitan a los creyentes en general, particularmente a sus profetas, conocer con profundidad la tradición teológica y misionera de la iglesia y entender con claridad las dificultades sociológicas y los problemas sicológicos de sus comunidades. Ese conocimiento les permitirá evaluar en profundidad los conflictos y desafíos que rodean sus ministerios, a los cuales deben responder de forma sabia, creativa, pertinente y efectiva.

Las complejidades de un siglo lleno de desafíos materiales, sociales, éticos, morales, económicos, políticos, religiosos y espirituales, y también las peculiaridades de los tiempos postmodernos, requieren una comprensión adecuada del papel de la iglesia, la religión y la espiritualidad en la sociedad. La iglesia del siglo XXI debe enfrentar, entre otros, un desafío formidable: responder a las necesidades espirituales de los creyentes y de la comunidad en un mundo donde la espiritualidad no está necesariamente ligada a la predicación eclesiástica ni la experiencia religiosa necesariamente relacionada con el ministerio congregacional.

En esta nueva sociedad, en la que muchos individuos y grupos intentarán satisfacer sus necesidades más profundas y esenciales de forma privada, personalizada y a través de medios cibernéticos, los profetas de Dios deben comprender la naturaleza y las complejidades de ese desafío; además, deben permitir que el Señor los prepare adecuadamente para emprender programas relevantes y transformadores. En efecto, necesitamos del serafín de Dios una nueva purificación de nuestros labios para organizar programas y ministerios con autoridad y pertinencia.

La respuesta del profeta a la pregunta de Dios es importante en nuestro análisis. Luego de participar del diálogo divino, Isaías deja de ser un espectador interesado y se convierte en uno de los protagonistas del relato. La visión deja de ser un espectáculo teofánico impresionante para convertirse en una vivencia y una inquietud del profeta. Y ante el espectacular desafío divino, él responde sin temor y con autoridad: «¡Heme aquí!»

Una de las características fundamentales de los profetas de Israel es que nunca perdían el juicio ni disminuía su capacidad crítica y analítica. Los profetas no caían en ningún trance que les impidiera ejercer con efectividad sus facultades intelectuales. Eran personas que entendían su vocación como parte de un proceso de revelación de Dios y comunicación con el pueblo. Había profetas porque Dios deseaba comunicar el mensaje de juicio y salvación al pueblo en necesidad.

El profeta del relato entendió muy bien su responsabilidad y decidió ser fiel a su vocación. Esa actitud humilde y sabia revela un estado avanzado de madurez emocional y espiritual. De esa forma, emprendía con valentía un peregrinar de fe hacia el futuro. Llegaba al pueblo para anunciar las palabras poco halagadoras del inminente juicio divino. Además, ese sentido de sobriedad y madurez le permitió mantenerse firme ante la actitud de rechazo del pueblo y frente al inminente castigo que se avecinaba.

MADUREZ PROFÉTICA

Esa peculiaridad de Isaías pone de relieve la importancia que tiene la madurez en la identificación y comisión de líderes para el ministerio cristiano en las comunidades de fe. La madurez emocional y espiritual es la que nos ayuda a proseguir con los programas de servicio a la comunidad cuando los fondos faltan o cuando la crítica mordaz e impertinente intenta detener el esfuerzo transformador de los hombres de Dios. La madurez emocional y espiritual es la que nos motiva a «no quitar las manos del arado» cuando no vemos resultados positivos inmediatos y descubrimos que el trabajo no disminuye, sino que aumenta mientras más trabajamos. Es, en efecto, la madurez que demostró el profeta el factor necesario y fundamental para la comprensión de los dolores que producen las guerras y la violencia en la niñez y en la familia. Esas huellas requieren una pastoral especializada no sólo de solidaridad sino de consejería y terapia que contribuya positivamente a la superación de la angustia indecible que se siente al perder tierras, posesiones y familiares.

El corazón del pueblo se endureció ante la predicación del profeta. La respuesta fue adversa, de claro rechazo. ¡El éxito de su gestión fue a la vez su fracaso! Su fidelidad en el desempeño de sus funciones propició el endurecimiento del corazón. El mismo pecado del pueblo les impidió ver adecuadamente las consecuencias de sus decisiones y acciones.

Esta parte del mensaje de la visión de Isaías introduce un elemento básico en el desempeño de la función y la vocación proféticas: ¿Dónde reside el éxito de nuestra empresa de fe? Ciertamente, de acuerdo con el relato, un ingrediente importante de su predicación era endurecer el corazón del pueblo para evitar la conversión. Aunque, en efecto, la frase incluye un elemento importante de ironía, el relato nos confronta con una pregunta teológica y existencial impostergable: ¿Cómo medimos el éxito de nuestros ministerios?

Diversos criterios tradicionales se han identificado para evaluar el resultado de la gestión ministerial. Para algunas personas, el juego estadístico ocupa un papel preponderante. Entre otros criterios prácticos en el entorno local de las congregaciones, podemos identificar los siguientes: la asistencia a varios de los servicios de la comunidad de fe; el crecimiento y desarrollo de los presupuestos y las finanzas; el número de programas comunitarios de educación y vivienda que se auspician; las personas que reciben ayuda alimentaria u orientación vocacional; el mejoramiento de las instalaciones físicas de las congregaciones; la dinámica cúltica participativa; y el crecimiento económico y la prosperidad de los feligreses. Esos factores se han utilizado para determinar el éxito de ministerios y congregaciones.

El mensaje de la visión estudiada tiene implicancias que sobrepasan los límites de los criterios tradicionales del triunfo. El éxito profético se relaciona con la fidelidad a Dios y la obediencia a su voluntad. El profeta debe relacionar el éxito no sólo con las estadísticas, aunque éstas sean importantes para la administración, sino con la fidelidad a la revelación y la obediencia al mandato.

En este sentido, el modelo de Isaías es importante: su éxito consistía en el rechazo del mensaje, pues el endurecimiento del corazón del pueblo le impedía ver el resultado nefasto de sus infidelidades. El verdadero profeta no es el que predica para ver y disfrutar los logros y resultados inmediatos positivos de su gestión (aunque sea grato disfrutar de ellos), sino el que antepone la fidelidad y obediencia a Dios, pues a largo plazo verá resultados transformadores.

LA ESPERANZA COMO VALOR TEOLÓGICO

La visión de Isaías finaliza con una nota muy importante de esperanza hacia el futuro. En efecto, el mensaje de juicio no es la palabra final de Dios a la comunidad, pues la intención divina y profética es incentivar el arrepentimiento, motivar cambios de actitud y generar modificación en la conducta. Aunque es cierto que la palabra profética de juicio divino al pueblo era firme y clara, no es menos cierto que la misericordia y el amor de Dios se sobrepondrán a las fuerzas que batallan contra la implantación de la justicia y el establecimiento de una sociedad de paz.

La palabra final de la visión y la vocación profética es la esperanza, pues no es la intención del profeta y del redactor final del relato culminar el mensaje con una nota de destrucción absoluta y de aniquilación nacional. Aunque la devastación es extensa y grande (p.ej., a través del fuego, la poda o la guerra), sólo un tronco servirá para iniciar el proceso de renovación y restauración del pueblo de Dios. Esa ciertamente es la intención teológica final del texto de Isaías. El tema de la esperanza no es un extra optativo en el mensaje de Isaías, sino un componente fundamental e indispensable.

Esa palabra de esperanza también se manifiesta en las comunidades de fe en las sociedades contemporáneas. Entre los signos de esperanza que ya se notan en nuestras comunidades, se pueden identificar los siguientes: la disminución de los índices de crimen en algunas comunidades hispanas en los EE.UU.; el aumento en el porcentaje de estudiantes que reciben sus diplomas de la escuela superior y llegan a las universidades en varios grupos indígenas en AL; el esfuerzo comunitario por mejorar los vecindarios en diversas ciudades de América; la creación de nuevos programas para la atención de la niñez con necesidades especiales; la atención especial que se brinda a la ancianidad en algunas ciudades del continente, como resultado de las gestiones eclesiásticas; y el aumento en el número de mujeres y hombres interesados en el ministerio cristiano en institutos bíblicos, seminarios y universidades.

El año que murió el rey fue entendido por el profeta y sus discípulos como el inicio de un período de juicio que abriría paso a la renovación y la restauración nacional. El trabajo del profeta fue propiciar e incentivar esos cambios y renovaciones. La finalidad del ministerio profético es fomentar los cambios necesarios que motiven la transformación de individuos, familias, comunidades, ciudades, naciones y el continente. Y esa fue la teología que se asoció con la llegada y las acciones del Mesías que el pueblo judío esperaba.

CAPÍTULO 2

LOS POEMAS DEL SIERVO SUFRIENTE DEL SEÑOR

> *«Despreciado y desechado entre los hombres, varón de dolores, experimentado en quebranto. Y como que escondimos de él el rostro; fue despreciado, y no lo estimamos.*
>
> *Ciertamente llevó él nuestras enfermedades y sufrió nuestros dolores, y nosotros le tuvimos por azotado, por herido de Dios, y abatido.»*
>
> —ISAÍAS 53:3-4

LOS POEMAS DEL SIERVO SUFRIENTE DEL SEÑOR

Un tema de fundamental importancia en el estudio del Libro de Isaías se relaciona con el análisis y la comprensión de los poemas del Siervo Sufriente del Señor, también conocidos como los «Cánticos del Siervo Sufriente». En el libro, particularmente en su segunda sección conocida como el «Libro de la consolación» o Isaías de Babilonia, Segundo Isaías o Deutero Isaías, la palabra «siervo» (en hebreo, *ebed*) y los conceptos relacionados con el término aparecen con bastante frecuencia. La idea que generalmente se pone de manifiesto en círculos religiosos y académicos, que también se evoca en el estudio ponderado de los textos, es la imagen de un discípulo del Señor cuya misión fundamental es proclamar y afirmar la verdadera fe, soportar una serie intensa de padecimientos para expiar los pecados del pueblo, para finalmente ser glorificado por el Señor.

La iglesia cristiana, desde sus comienzos, ha identificado estos poemas con la vida y misión de Jesús de Nazaret, con el anuncio de su muerte redentora y expiatoria, y también con la glorificación y resurrección de Cristo, conocido, afirmado y celebrado entre los creyentes como el Mesías y Siervo del Señor por excelencia (Hch 8:30-35). Para algunos estudiosos, inclusive, el título de Siervo del Señor está en el corazón mismo de la cristología neotestamentaria, pues su origen se puede relacionar íntima y directamente con la percepción que tenía Jesús de su ministerio. También la figura del Siervo se ha interpretado como la personificación del pueblo de Dios, para relacionarlo con el «nuevo» Israel, es decir, la iglesia cristiana.

En el estudio de la palabra hebrea *ebed*, y referente a la figura del Siervo en el libro del profeta Isaías, se descubren varias peculiaridades de gran importancia exegética, teológica y hermenéutica o interpretativa. Generalmente la palabra se utiliza en singular (Is 54:17) para describir a algún personaje de importancia; además, el término se relaciona, en la mayoría de los casos, con el pueblo de Israel, también llamado en esos textos Jacob.

Aunque esa evaluación inicial de los cánticos podría hacernos pensar que el Siervo es claramente el pueblo de Israel, la realidad es que en varias instancias el Siervo y el pueblo están en posiciones diametral y evidentemente contrapuestas (p.ej., Is 49:5-6; 53:8). Los textos bíblicos, además, presentan algunas características del Siervo que muy difícilmente se pueden aplicar a todo el pueblo de Israel; por ejemplo, los atributos de paciencia, fidelidad e inocencia. Sus características esenciales son dos: logra la representación vicaria de la comunidad a través del sufrimiento; y restablece el pacto o la alianza de Dios con el pueblo.

Los estudios de los poemas del Siervo del Señor se han fundamentado generalmente en el análisis de los siguientes cuatro pasajes bíblicos básicos y sus contextos literarios y teológicos inmediatos: Is 42:1-4; 49:1-6; 50:4-9; 52:13—53:12. Basados en el análisis de esos textos, se han ponderado y discutido extensamente algunos asuntos medulares referentes a los cánticos y al Siervo: por ejemplo, el número de textos clave relacionados con el Siervo y la extensión de cada pasaje; el autor de cada uno de los poemas; su relación con los diversos contextos en el Libro de Isaías, particularmente con la segunda sección de la obra (Is 40—55) y el asunto fundamental de los cánticos: la identidad precisa del Siervo.

En el primer poema o cántico (Is 42:1-4) es el Señor quien habla, sostiene y comisiona al Siervo. Además, Dios mismo, de acuerdo con el poema, selecciona y pone el Espíritu sobre el Siervo para que implante la justicia a las naciones y haga conocer la verdad divina al mundo. Es en este contexto teológico y literario que se incluye la muy importante frase teológica, que afirma que Dios se deleita en el Siervo: «He aquí mi siervo, yo le sostendré; mi escogido, en quien mi alma tiene contentamiento; he puesto sobre él mi Espíritu, él traerá justicia a las naciones» (Is 42:1).

El segundo cántico (Is 49:1-6) indica que el Señor ha escogido al Siervo para que restaure al pueblo de Israel y para que, además, lleve luz y salvación a las naciones. Aquí se presenta la tarea misionera fundamental del Siervo, que fue llamado por Dios desde el vientre de su madre (Is 49:1): su misión supera los límites políticos, territoriales y étnicos de Israel para contribuir de forma destacada en la salvación de la humanidad. La literatura lucana en el Nuevo Testamento alude en dos ocasiones a que el Siervo, que para el evangelista es Jesús de Nazaret, es luz de las naciones: la primera es en las narraciones del nacimiento, especialmente en boca de Simeón (Lc 2:30-32; también en Hch 26:23); y la segunda, en la sinagoga de Antioquía durante el ministerio de Pablo y Bernabé (Hch 13:47).

Una nueva contribución teológica y misionera se incluye en el tercer poema (Is 50:4-9): el Siervo es quien habla y se presenta como un maestro sabio y obediente, que ha encontrado oposición al llevar a cabo su misión. Sin embargo, de acuerdo con el texto bíblico, su programa educativo y restaurador tendrá éxito, pues el Señor lo acompaña y lo ayuda. El poema habla particularmente de la obediencia del Siervo y también destaca los abusos e injurias a que es sometido.

Para los cristianos, el más famoso de los cánticos es el cuarto (Is 52:13—53:12), pues la iglesia lo ha relacionado directa y frecuentemente con las narraciones evangélicas de la vida, ministerio, muerte y resurrección de Jesús de Nazaret. En el caso específico de este singular y extraordinario poema, la persona que relata lo que le sucede al Siervo no es identificada de forma precisa. El protagonista es una persona afligida y herida, que posteriormente muere. Sin embargo, su muerte tiene una función expiatoria y liberadora para muchas personas con las que el narrador, en efecto, se identifica. Y, aunque el relato indica que es responsable de su suerte, el Siervo será finalmente vindicado y verá el resultado liberador de su muerte expiatoria.

En estos poemas, el Siervo tiene algunas funciones similares a las de los reyes pre exílicos y los profetas. Además, los cánticos, para describir efectivamente la misión del Siervo, utilizan un lenguaje característico de la literatura profética y real. El papel de los siervos del Señor en el Antiguo Testamento es de carácter político y religioso; y en la ejecución del plan divino persuaden a la comunidad a que también cumpla con fidelidad los designios y la voluntad del Señor.

De particular importancia en los cánticos, que se encuentran en el Libro de Isaías, es el llamado del Siervo, que evoca y recuerda las vocaciones de Moisés y de Jeremías; la misión del Siervo también se presenta en términos similares a la del famoso legislador y libertador bíblico. Esta relación no debe causar sorpresa a los lectores y estudiosos de estos poemas, pues en esos textos del Libro de Isaías el retorno a Palestina desde Babilonia se presenta como una liberación novel, como un nuevo éxodo, un retorno a la Tierra Prometida.

EXILIO Y CREATIVIDAD TEOLÓGICA

La comprensión adecuada de los cánticos requiere el estudio del mundo de las ideas que rodeó la redacción de esta importante literatura teológica. Como el pueblo vivía la experiencia exílica, la teología de la centralidad de Sión y la elección de David juega un papel prominente. Ante la destrucción de Jerusalén y el destierro del rey, esta teología real tomó proporciones de importancia. Además, la misma experiencia del exilio hizo que el pueblo y sus líderes ponderaran los efectos de la crisis de la derrota de Israel ante los ejércitos babilónicos. La historia estimuló la reflexión teológica, y las experiencias de la vida generaron las dinámicas teológicas y sociales pertinentes que le permitieron al pueblo superar las dificultades y sobreponerse a los dolores de la vida en Babilonia como exiliados.

Los cánticos, en efecto, tienen una historia de redacción particular y provienen posiblemente de diversos autores. Se han incorporado en el Libro de Isaías, particularmente en la segunda sección (Is 40—55), para afirmar la teología de la esperanza y la restauración del pueblo, al mismo tiempo que se alude al sufrimiento histórico del pueblo de Israel; específicamente reflejan su experiencia traumática de exilio. Destacan también el papel del

Siervo y el propósito misionero de la comunidad de exiliados en el futuro del pueblo. La unidad teológica de los cánticos proviene de la contribución que hacen a la comprensión de la misión del pueblo de Israel en la historia, particularmente en la época exílica.

Sin embargo, el resultado de los estudios extensos y sistemáticos de los cánticos del Siervo no ha resuelto todas las dificultades y los desafíos teológicos y exegéticos que presentan los poemas. Las argumentaciones literarias y poéticas, las evaluaciones lingüísticas y semánticas, los estudios teológicos e históricos, y los análisis exegéticos y contextuales no han agotado las posibilidades de interpretación ni han podido responder convincentemente a todos las interrogantes que esos particulares pasajes y poemas del libro del profeta Isaías presentan.

Esos estudios, en efecto, han identificado, por los menos, cinco teorías básicas para la interpretación efectiva de los poemas del Siervo Sufriente del Señor: la colectiva, la individual, la ideal, la mixta y la mesiánica. Estas interpretaciones de los cánticos son importantes marcos de referencia que pueden aportar a la comprensión adecuada de los pasajes individuales, además de contribuir significativamente a la comprensión de los textos como un bloque teológico particular dentro del Libro de Isaías.

INTERPRETACIONES COLECTIVAS

La interpretación colectiva de los poemas ve en el Siervo la personificación del pueblo de Israel, y es la más antigua de las comprensiones teológicas de los cánticos. Se fundamenta esencialmente en una lectura básica y literal de los textos bíblicos disponibles (p.ej., Is 41:8; 44:1, 2, 21; 45:4; 49:3). La Septuaginta (o traducción griega del Antiguo Testamento), basada posiblemente en ese tipo de comprensión literal de los pasajes del Libro de Isaías, incorporó esta percepción teológica en el propio texto bíblico, y en su traducción de la obra isaiana identifica de forma precisa al Siervo como «Israel» y «Jacob» (Is 42:1,13).

El argumento mayor para apoyar esta interpretación de los textos, y esta singular perspectiva hermenéutica de los pasajes bíblicos, se relaciona con el siguiente hecho: en varias porciones del Libro de Isaías se indica de forma directa y clara que el pueblo de Israel es siervo de Dios; y esa importante caracterización se hace más intensa en la segunda sección del Libro (Is 40—55). De acuerdo con esta interpretación, el pueblo de Israel tiene la misión de educar y proclamar justicia a las naciones (Is 42:1-4); también debe ser luz a los pueblos y vehículo de salvación para la humanidad (Is 49:6); además, según los textos bíblicos, debe sufrir y padecer intensamente (Is 50:4-9; 53:12—53:12).

Si el pueblo de Israel es el Siervo que se presenta en el cuarto cántico, entonces, el tema de la muerte y la resurrección del relato es mucho más fácil de explicar. Una comunidad como la israelita, que sufre dificultades históricas, penurias sociales, angustias espirituales y, además, experimenta la «muerte» política y militar en el exilio, resucita gracias a la maravillosa intervención divina que le permite dejar el cautiverio y destierro en Babilonia, y regresar a la antigua Canaán o Palestina para reconstruir el Templo de Jerusalén y renovar los cultos y sacrificios (Ez 37:1-14).

Esa perspectiva de interpretación de los cánticos, aunque en primera instancia puede atraer a las personas que leen y estudian los poemas, no toma en consideración varios factores teológicos, temáticos y textuales de importancia capital. El primer cántico no presenta mayores dificultades en establecer esa relación de identidad del Siervo del Señor con el pueblo de Israel. Los conflictos serios de interpretación, de acuerdo con esta teoría hermenéutica, comienzan con la evaluación sosegada del resto de los pasajes y cánticos a estudiar.

En el segundo poema o cántico se alude al Siervo como agente de importancia para la salvación de Israel, haciendo nula la posibilidad real de la relación e identidad del Siervo con Israel.

En el tercer cántico las dificultades aumentan: el Siervo es a la vez profeta y maestro. Relacionarlo con el pueblo de Israel, por lo tanto, resulta teológica y exegéticamente forzoso e inadecuado. A estas dificultades debemos añadir que si en el cuarto poema o cántico el Siervo es el pueblo, entonces, el que relata el pasaje es un vocero de las naciones, lo que no se presenta en ningún otro pasaje del Libro de Isaías.

La dificultad mayor de esta interpretación colectiva de los cánticos, sin embargo, reside en el hecho de que en varios textos el Siervo y el pueblo están claramente contrapuestos y la identificación y unificación de los dos personajes violenta el mensaje de los textos de forma global.

Para superar estas dificultades, algunos estudiosos indican que el Siervo no representa a todo el pueblo de Israel sino a la comunidad íntima de fieles y piadosos. La imagen del Siervo alude, de acuerdo con esta interpretación de los relatos, al «resto» o «remanente fiel de israelitas genuinos», que son profetas y maestros y que también sufren en representación de toda la comunidad judía que está desterrada en el exilio babilónico.

Otros eruditos relacionan la figura del Siervo no con el Israel histórico sino con un Israel ideal, como veremos posteriormente. Indican que el Siervo es un pueblo que reconoce su misión y vive para cumplirla. Este tipo particular de Siervo existe únicamente en el futuro escatológico e ideal, y su misión no tiene repercusiones históricas concretas e inmediatas. Con respecto a estas formas de interpretación, debemos indicar que estas maneras de ver al pueblo no es un patrón teológico prioritario en la Biblia hebrea.

INTERPRETACIONES INDIVIDUALES E HISTÓRICAS

Si el Siervo no es la representación del pueblo de Israel entonces esta importante figura literaria del Libro de Isaías debe relacionarse con alguna persona concreta o algún individuo específico. El Siervo, también desde esta perspectiva, puede ser una figura literaria ficticia creada por el profeta o puede referirse a algún personaje histórico definido.

En el caso de que la figura del Siervo sea un artificio poético no debemos intentar relacionarlo con personajes históricos concretos, pues lo importante no es su identificación precisa sino su mensaje. Si, por el contrario, el Siervo alude a un personaje histórico específico, entonces, desde la perspectiva de los cánticos debemos precisar si existió en el pasado, en el presente del libro o si existirá en el futuro.

Los estudiosos han intentado relacionar la figura del Siervo con varios personajes históricos. Una posibilidad es que el Siervo sea un profeta anónimo cuya obra se encuentra en Isaías 40—55 y que conocemos con el nombre de Segundo Isaías. De acuerdo con esta interpretación el sufrimiento del Siervo, descrito dramáticamente en los cánticos, es parte de un tipo de biografía o autobiografía del profeta. La razón fundamental para rechazar esta percepción teológica de los cánticos es que, de acuerdo con esa segunda sección del Libro de Isaías (Is 40—55), la misión del Siervo no es igual a la del profeta que escribe estos capítulos que se incluyen en el Libro de Isaías.

Respecto a los poemas del Siervo y su identidad, es ciertamente variada y extensa la lista de figuras y líderes del pueblo que se han relacionado con este importante personaje. Para algunos estudiosos, el Siervo es un profeta anónimo y maestro de la Ley que ministró en la época exílica y que murió de forma violenta. Otros eruditos han relacionado al Siervo con Moisés, Zorobabel, Joaquín, Ciro o alguna otra figura. Estas interpretaciones, aunque interesantes y audaces, han carecido de apoyo general en la iglesia, la sinagoga y la academia, pues adolecen de un sólido fundamento teológico, hermenéutico y bíblico.

Otra posibilidad aún, en el proceso de identificación de la figura del Siervo, es indicar que se trata de un personaje histórico del futuro. El Siervo es el Mesías esperado en la teología del Antiguo Testamento. En esta tradición teológica, el Siervo es un monarca que vendrá a implantar justicia y restaurar al pueblo de Israel.

En efecto, la iglesia neotestamentaria utilizó esta teología para relacionar e interpretar los cánticos del Siervo Sufriente del Señor con la vida, obra y muerte de Jesús de Nazaret. Esta interpretación teológica es la que se presenta en el relato del evangelista Felipe y el funcionario de la reina de Etiopía (Hch 8:32-35). Esta explicación cristiana de los cánticos y poemas del Siervo ha jugado un papel fundamental en la historia de la iglesia, particularmente en momentos de importancia apologética.

La interpretación individual se fundamenta en las descripciones que se hacen del Siervo en varios pasajes importantes. El análisis de los rasgos de su personalidad ha movido a los estudiosos a identificar un personaje histórico que responda a tales descripciones. Sin embargo, las complicaciones exegéticas, teológicas e históricas que estas identificaciones plantean no parecen ayudar mucho al proceso interpretativo de los poemas. De particular importancia es determinar a quién específicamente se refieren los cánticos durante la época de la redacción final del Libro de Isaías. Las preguntas fundamentales para la comprensión adecuada de los poemas son las siguientes: ¿Quién fue realmente el Siervo para la comunidad judía desterrada en Babilonia y qué significó específicamente su misión para el pueblo que estaba dividido entre las angustias del exilio babilónico y la miseria de Judá y Jerusalén?

INTERPRETACIONES IDEALES

Una posibilidad hermenéutica adicional, referente a la comprensión de los cánticos del Siervo, es indicar que los poemas aluden a una figura ideal. Fundamentada en varios paralelismos con la literatura babilónica, esta teoría indica que las imágenes del Siervo Sufriente surgen de los ritos y las ceremonias de año nuevo, en las cuales el rey participaba activamente. Estos festivales esencialmente recreaban la muerte y resurrección del dios de la vegetación, pues eran parte de las ceremonias agrarias en Babilonia. Ese sería entonces el entorno cultural y religioso de las imágenes del sufrimiento vicario, y la muerte y resurrección del Siervo, de acuerdo con esa comprensión de los poemas.

Aunque pueda parecer persuasiva, esta interpretación de los cánticos, fundamentada en su analogía con tradiciones, ceremonias y paralelismos con la cultura babilónica no puede ser probable por varias razones. En primer lugar, el tema del sufrimiento vicario del Siervo no tiene paralelismos reales en el Antiguo

Testamento ni tampoco se pueden descubrir ideas similares en documentos extra bíblicos antiguos. Por otro lado, la relación del Libro de Isaías con la cultura y la religión babilónica y mesopotámica es abiertamente de hostilidad y rechazo.

Otra posibilidad de interpretación surge si evaluamos aún con mayor detenimiento la idealidad de la figura del Siervo del Señor. Como figura, el Siervo no se puede relacionar con precisión con ningún personaje histórico del pasado ni de su época, ni fundamentarse en las imágenes y ritos de extracción babilónica. Posiblemente debemos explorar la posibilidad de que el Siervo sea una figura que representa al Israel ideal, al pueblo de Dios por excelencia. Esta interpretación se basa en una muy interesante y peculiar característica de la literatura bíblica conocida como «la personalidad corporativa» de varios personajes de la Escritura. Esta manera de comprender los cánticos puede brindarnos nuevas pistas hermenéuticas e interpretativas, que equivale a decir que nos pueden ofrecer nuevas formas de entender y explicar los poemas del Siervo.

La finalidad básica del mensaje de la segunda sección del Libro de Isaías (Is 40—55) es afirmar y destacar la palabra de consolación y esperanza a la comunidad de judíos deportados en Babilonia. En ese entorno teológico y literario se incluyen los poemas y cánticos del Siervo para poner de manifiesto la misión del pueblo de Israel, aun en medio de las penurias y angustias exílicas. La esperanza en esos contextos de dolor es un elemento indispensable de la palabra profética.

El Siervo, visto desde esa perspectiva, no es una figura histórica del pasado, presente o futuro sino que representa lo mejor del pueblo; simboliza la manera en la que debe actuar Israel en la vida; y alude al carácter fundamental de la comunidad judía. Esta figura ideal, en efecto, para el autor de los poemas y para la teología del Libro de Isaías no pertenece a la historia sino que afirma un valor que sobrepasa los límites del tiempo; pone de manifiesto el corazón mismo de la voluntad divina para la nación: ¡El Siervo debe ser luz a las naciones y también debe vivir y actuar como una persona «experimentada en quebrantos»; es decir, el Siervo debe ser una persona experta en el manejo adecuado de situaciones de conflicto y de dificultades extremas.

Los patriarcas y los reyes, tanto en Israel como en Judá, no sólo son individuos y líderes importantes en los relatos bíblicos, sino que representan al pueblo de forma amplia y extensa. Esta percepción del liderato se manifiesta también en otras culturas antiguas y entre los vecinos de Israel.

El caso particular de los patriarcas es digno de mención y explicación. El pueblo recibió, en efecto, por revelación divina, el nombre de un individuo: Israel y Jacob (Gn 32:22-32). Esa peculiaridad se afirma de forma definitiva cuando, al estudiar las narraciones patriarcales, se descubre que las acciones y características de la personalidad de algún patriarca aluden claramente a la forma concreta de ser y de actuar del pueblo (p.ej., las experiencias de Abraham en Canaán y las relaciones de Jacob y Esaú). De esta manera se pone de relieve que los relatos patriarcales no se refieren única y exclusivamente a la vida de individuos, sino que representan la historia nacional del pueblo de Israel.

En la misma tradición teológica de «la personalidad corporativa», el Rey-Mesías de Israel era concebido no como un nuevo David histórico que llegaría al trono ni como la culminación de la dinastía davídica en el pueblo. De acuerdo con esta percepción hermenéutica, el Rey-Mesías esperado por Israel cumpliría todas las aspiraciones políticas, religiosas y sociales del pueblo, además de poseer todas las cualidades ideales del monarca (p.ej., capacidad para la implantación de la justicia y la paz). Representa de esta forma lo mejor de las aspiraciones y los deseos más nobles del pueblo. Los diversos representantes de la dinastía davídica reinan con la esperanza de que las promesas divinas se cumplan en esa figura ideal que esperan para el futuro indeterminado. Este ideal Rey-Mesías de Israel personifica todas las bondades de la monarquía sin sus defectos, pecados y desaciertos.

Con ese marco de referencia teológico de la «personalidad corporativa», podemos entonces analizar y entender la figura del Siervo del Señor en los cánticos de la segunda sección del Libro de Isaías. El Siervo no sólo es un individuo que sufrió, padeció persecución y fue asesinado en la época exílica en Babilonia sino que representa de esta forma al pueblo de Israel.

Sin embargo, esta representación no alude únicamente al Israel histórico del pasado, presente o futuro, sino al pueblo que debería ser el que personifica de forma plena la voluntad divina en medio de las realidades de la vida: el Siervo es el Israel ideal que cumple cabalmente los designios de Dios.

Desde esta óptica teológica se resuelven los problemas de la tensión entre la presentación del Siervo como individuo en algunos poemas y como nación en otros. En efecto, el Siervo es un individuo que representa a la comunidad e incorpora en su vida lo mejor de la vida religiosa, social, política y misionera del pueblo de Israel. Aunque es perseguido, herido y asesinado, logra su vindicación y triunfo sin hacer guerra, de una forma que deja a los reyes de la época sorprendidos y atónitos (Is 52:15). El Siervo es la personificación de las virtudes de Israel, y en él la historia del pueblo llega a su culminación plena y óptima: incorpora lo mejor del pasado del pueblo, revela lo más noble del carácter presente de Israel y personifica las bondades y virtudes éticas del futuro de la nación.

El Siervo del Señor es también un nuevo Moisés, pues es vocero de una revelación divina y lleva al pueblo a una renovada liberación (Is 40:1-12). También actúa como profeta, pues comunica un nuevo mensaje divino: afirma que el futuro del pueblo no está cautivo en el mundo de la política y la guerra, sino en la implantación de la justicia y de la paz. El Siervo es la figura clímax en la historia de los profetas y profetisas del Antiguo Testamento que anuncian las promesas de salvación, y también sus vidas se convierten en agentes y medios para lograr esos propósitos liberadores de Dios (p.ej., el profeta Jeremías vivió esa experiencia (Jer 18—20).

El futuro del Israel exílico y postexílico no es ser una potencia militar más en la constelación de las naciones del Oriente Medio Antiguo. El gran mensaje de los cánticos es que el pueblo debe convertirse en Siervo para vivir la voluntad de Dios y superar la crisis exílica con autoridad y sentido de misión. Únicamente el Israel-Siervo será capaz de superar las dificultades de la deportación, las angustias de ver destruidas las instituciones nacionales y el Templo de Jerusalén, y las desesperanzas de vivir lejos de la Tierra Prometida.

INTERPRETACIÓN MIXTA

Una variante en la tradición de interpretación de los cánticos del Siervo se relaciona con esta categoría mixta, que afirma que los poemas no representan a un solo Siervo sino a varios. Como los poemas se generan en diversos contextos, el Siervo es una figura que alude a más de una imagen: a Israel (Is 40—48), al resto o a un remanente fiel del pueblo (Is 49:1-6,7-13; 52:13—53:12), al profeta (Is 50:4-11), a Ciro (Is 42:1-9) e inclusive a Dios, que cumple ciertas funciones de Siervo (Is 43:23-24).

Esta interpretación mixta hace justicia y resalta las complejidades literarias y teológicas de cada uno de los poemas. Presupone que cada poema tiene una finalidad teológica independiente, y que en la redacción final de la obra se tomó en consideración la totalidad de los poemas para afirmar el mensaje central y la contribución particular de los cánticos a la teología del Libro de Isaías. Esta interpretación reconoce que los cánticos como un todo contribuyen de forma a la interpretación adecuada de la totalidad del Libro de Isaías.

INTERPRETACIÓN MESIÁNICA

Los cristianos tradicionalmente han interpretado los cánticos del Siervo Sufriente del Señor según la teoría mesiánica. A partir del Nuevo Testamento (p.ej., Mt 8:17; 12:18-21; Lc 22:3; Hch 8:32-35; 1 P 2:22, 24), las iglesias han relacionado la misión del Siervo con el ministerio de Jesús de Nazaret; es decir, los creyentes en Cristo han interpretado los poemas del Siervo cono una afirmación profética de la persona y la misión de Cristo.

Los cánticos en el Libro de Isaías describen al Siervo, de acuerdo con esta forma de interpretación, como un profeta comisionado por Dios que debe llevar a cabo una misión en beneficio no sólo de Israel sino de todas las naciones (Is 42:1,4). Para lograr su objetivo, el Siervo debe superar muchas dificultades y padecimientos; pero el Señor lo sostiene y lo eleva a un nivel que genera admiración de las naciones y sus gobernantes (Is 52:12-15).

Para los cristianos, esta interpretación mesiánica es fundamental. Es una manera teológica y hermenéutica de relacionar el mensaje profético del Libro de Isaías con el ministerio de Jesús, y era una forma contextual de entender la misión de la iglesia que sobrepasaba los límites étnicos del pueblo de Israel. Según los cánticos, y de acuerdo con el mensaje de Jesús de Nazaret y sus seguidores, la salvación no puede estar cautiva en consideraciones nacionalistas ni raciales, y los cánticos del Siervo les brindaban a creyentes las herramientas teológicas y bíblicas necesarias para presentar la misión evangelística y educativa de la incipiente comunidad cristiana primitiva. Además, en la sinagoga de Nazaret, según el Evangelio de Lucas, Jesús leyó y se aplicó a sí mismo el texto de Isaías 61 que, en efecto, está íntimamente relacionado con los cánticos del Siervo, y también los interpreta. Los cánticos, particularmente el cuarto (Is 52:13—53:12), han sido utilizados con frecuencia en la tarea apologética de los creyentes.

EL SIERVO DEL SEÑOR Y LA HIJA DE SIÓN

Una manera novel de comprender los cánticos del Siervo se relaciona con el estudio de varios pasajes del Libro de Isaías que destacan y afirman la figura femenina de la Hija de Sión. Estos poemas, al igual que los del Siervo del Señor, presentan continuidad narrativa y literaria, y también ponen de relieve una perspectiva teológica y una tarea misionera particular que es comparable con la misión del Siervo.

En todo el Libro de Isaías hay siete pasajes que explícitamente incluyen la imagen literaria de la «Hija de Sión» (Is 1:8; 3:16;

10:32; 16:1; 37:22; 52:2; 62:11), aunque en otros textos se alude a un personaje femenino que adquiere protagonismo y preeminencia particular en la sección final de la obra (Is 40—66).

Como el Siervo, la Hija de Sión se identifica claramente en algunos pasajes bíblicos (Is 49:14), aunque en otros es el contexto literario y temático el que nos brinda la clave de su adecuada identificación (p.ej., Is 54).

Desde el comienzo mismo del Libro de Isaías se descubre que la ciudad de Jerusalén se personifica en la figura de una mujer (Is 1:21-26). Y, aunque esa imagen literaria se repite en la obra (Is 3:16—4:1; 7:22-35), adquiere una dimensión óptima en la segunda y tercera sección del libro (Is 40—55 y 56—66).

Al comienzo mismo de la segunda sección de Isaías, identificada también como «El libro de la consolación» (Is 40:1-3), el texto indica que se le hable con ternura al corazón de Jerusalén, pues el «pecado (de la ciudad) es perdonado»; y se añade además que la anunciadora de Sión trae buenas noticias. Como en el caso del Siervo, la Hija de Sión se identifica de formas variadas: como Sión o Jerusalén; o, inclusive, en ciertos momentos su identidad no se presenta con claridad.

Tanto en los cánticos del Siervo como en los poemas de la Hija de Sión se descubren particularidades que delatan una continuidad temática. Los relatos que incluyen ambas imágenes tienen progresión e independencia: desde el abandono hasta el triunfo; desde los gritos de dolor hasta la victoria y el gozo; desde la soledad hasta la compañía; y desde la fragilidad hasta el poder.

Aunque los relatos, en ambos casos, se presentan en el Libro de Isaías de forma fraccionada, el análisis del contenido de los pasajes revela sentido de dirección, continuidad y progresión. El redactor final del libro tomó en consideración no sólo la particularidad y la suma de los temas de cada poema, sino que cada cántico y cada poema forman parte de un todo que se revela en la lectura de la obra en su totalidad.

Entre los cánticos del Siervo y los poemas de la Hija de Sión también se descubren encuentros y paralelismos temáticos y literarios muy interesantes. Particularmente entre el cántico de Isaías 52:13—53:12 y el poema del capítulo 54, ambos personajes protagónicos (el Siervo y la Hija de Sión) son humillados y afligidos, pero los dos son posteriormente vindicados y liberados; además, ambos verán su descendencia y las naciones del mundo sentirán el efecto de lo que les ha sucedido. Y en ambos relatos se utiliza la teológicamente fundamental palabra hebrea *shalom* y se afirma el importante concepto bíblico de paz, con un muy importante sentido de bienestar y reconciliación.

El estudio de los poemas de la Hija de Sión nos ayuda ciertamente a entender los cánticos del Siervo por varias razones. En primer lugar, hay paralelismos en el clímax de ambos personajes. En Isaías 66 se presenta a la Hija de Sión en una experiencia de triunfo extraordinario, después de sus sufrimientos, con imágenes de gozo relacionadas con el alumbramiento. Este final victorioso de la Hija de Sión confirma el triunfo definitivo del Siervo, que ciertamente ya se desprende de los cánticos.

Tanto en los cánticos del Siervo como en los poemas de la Hija de Sión se incluyen referencias sarcásticas al comportamiento inadecuado de ambos personajes: el Siervo es criticado por haber ofendido al Señor con sus pecados (Is 43:22-24) y a la Hija de Sión se le recuerda su comportamiento pecaminoso (Is 57:6-13). Es importante notar también que en la identificación de los dos personajes hay serias complicaciones: algunos pasajes parecen referirse a individuos, mientras que en otros se alude claramente al pueblo (ya sea a Israel o a Jerusalén).

Con la teoría de «la personalidad corporativa» en Israel, sin embargo, se pueden explicar ambas imágenes. Las dos imágenes, además, han jugado un papel fundamental en la historia de la interpretación cristiana del Antiguo Testamento: el Siervo se ha relacionado con el ministerio de Jesús (Lc 4:18-20) y la Hija de Sión se ha relacionado con María, la madre de Jesús, y también con la iglesia (Ap 12:16).

Finalmente debemos añadir que estos paralelismos y relaciones temáticas y literarias no son casuales o fortuitos. Revelan, en efecto, que no debemos ni podemos estudiar fructíferamente los cánticos del Siervo del Señor fuera de sus contextos literarios y teológicos. Estos cánticos se relacionan íntimamente con el mensaje del profeta, con los poemas de la Hija de Sión y con el resto del Libro de Isaías.

Los poemas de la Hija de Sión son importantes para la comprensión adecuada de los cánticos del Siervo, pues presentan la evidencia necesaria para indicar que la redacción final de la extraordinaria obra isaiana no fue producto del azar sino que se debe a un propósito teológico específico: afirmar la esperanza a un pueblo que había perdido sus instituciones básicas en Palestina y vivía como deportado en Babilonia, soñando con un regreso que con el paso del tiempo se hacía cada vez más difícil de lograr.

El contraste entre la figura femenina de Sión y la masculina del Siervo no debe ignorarse, pues pone de manifiesto un entorno literario y teológico fundamental para el Libro de Isaías: la obra utiliza frecuentemente las imágenes femeninas con fuerza.

Sión fue abandonada y deshonrada, pero triunfará; el Siervo fue herido y rechazado, pero confía en el Señor y en su triunfo definitivo. Sión se queja y sufre; el Siervo consuela o calla. El pasado de Sión es la ira divina; el del Siervo es de intimidad y amor. El importante tema del triunfo y la prosperidad es común en ambos personajes, pero la forma de conseguirlo es diferente.

La forma en que el Señor se dirige a cada personaje, según los cánticos y los poemas, es digna de mencionar. Para el Siervo, el Señor, aunque le manifiesta amor (Is 43:4), esencialmente actúa como juez o rey que está deseoso de demostrar su poder legal y su autoridad. Hacia la Hija de Sión, el Señor revela su amor y su deseo de perdonar; además, manifiesta su cariño; y, como un esposo a su esposa o un novio a su novia, promete serle fiel (Is 54:10).

Respecto a la Hija de Sión, los poemas finalizan con el tema de una nueva creación, mediante la imagen del alumbramiento. Se alude a la creación y al desarrollo de un nuevo Israel, un nuevo pueblo que superará las dificultades relacionadas con el destierro en Babilonia.

El juego literario y teológico entre el Siervo del Señor y la Hija de Sión, en un momento de exilio, es fuente de esperanza y consolación. El Siervo, en su misión redentora, transformará la ciudad para que se convierta en el centro cúltico y espiritual de la humanidad.

INTERPRETACIONES DEL SIERVO DEL SEÑOR EN EL ANTIGUO Y EL NUEVO TESTAMENTOS

Las imágenes del Siervo del Señor en Isaías son tan intensas, poderosas e influyentes que generaron rápidamente una extensa y continua tarea interpretativa. Esas lecturas y aplicaciones de las imágenes del Siervo del Señor revelan la creatividad hermenéutica de los lectores del texto isaiano, y ponen de manifiesto también el poder de evocación e inspiración de las metáforas del Siervo.

Posiblemente una de las primeras interpretaciones y contextualizaciones de los cánticos del Siervo se encuentra en Isaías 61, en el cual se incluye un poema que describe la unción de una persona en la tradición de los poemas del Siervo, que traería las buenas nuevas a los afligidos y para anunciaría el año agradable del Señor. Posteriormente, Zacarías 12:10, en esa misma tradición teológica, continúa el tema de la unción e indica que el Señor derramará sobre la Casa de David y los habitantes de Jerusalén un espíritu de compasión e intercesión en apoyo al Siervo que ha sido herido y angustiado.

El libro de Daniel, en la última visión, alude a un grupo de hombres que imparten sabiduría al pueblo y enseñan cómo ser fieles a la Ley. Estos hombres se identifican con el término hebreo de *maskilim*, que tradicionalmente se ha traducido como «sabios» o «maestros». Sobre ellos recayó el furor de la persecución de Antíoco Epífanes (Dn 11:33). La crisis y la aflicción fueron de tal magnitud que algunos desertaron del grupo de los fieles; sin embargo, ese mismo acto de deserción afirma y confirma la purificación y fidelidad de los que quedaron y resistieron los embates de la hostilidad y la persecución.

Esos *maskilim*, que demostraron su fidelidad, en la época venidera de la resurrección brillarán en el firmamento; particularmente aquellos que hacen volver a «los muchos» a la rectitud y la justicia (Dn 12:3). Esa referencia a «hacer volver» hacia la rectitud y la justicia puede ser una alusión a Isaías 53:11, en donde se indica que el Siervo tiene responsabilidades similares. Los *maskilim* son posiblemente los «santos del Altísimo» (Dn 7:21-27), que en una visión anterior se indica sufrieron severamente bajo el «pequeño cuerno», que es una posible referencia a Antíoco Epífanes.

La comunidad de Qumrán, que ciertamente fue la heredera de las tradiciones de los *maskilim* del libro de Daniel, interpretó su misión de acuerdo con la teología del Siervo del Señor. Las privaciones y persecuciones a las que los qumramitas estaban expuestos, de parte del sacerdote malvado y otros opresores, eran interpretadas como experiencias que les proporcionaban méritos ante Dios, para la salvación no sólo de su comunidad sino de todo el pueblo de Israel. Los qumramitas se aplicaron las imágenes del Siervo, pues pensaban que su estilo de vida y las vicisitudes a las que estaban sujetos eran parte de la misión del Siervo que tenían que vivir y experimentar en una era de maldad y sufrimiento.

La traducción de la Biblia en griego, conocida como la Septuaginta (LXX), incluye en el primer cántico una clara y directa referencia a Jacob e Israel, pues interpreta que el Siervo es una imagen del pueblo judío. Y el Targum arameo de los profetas, en la sección de Isaías, relaciona directamente al Siervo con el profeta Isaías. La primera referencia revela la interpretación del Siervo como el pueblo; y la segunda pone de manifiesto la relación del Siervo con la teología del Mesías, que ciertamente es antigua en la literatura e historia bíblicas. Esa unión es importante, pues posteriormente la iglesia cristiana continuó esa tradición interpretativa del Siervo no sólo como el Mesías cristiano sino como imagen de la iglesia.

Los escritores del Nuevo Testamento utilizaron con regularidad las imágenes de los cánticos del Siervo en la tarea educativa y evangelística de la iglesia. Particularmente relacionaron el cuarto cántico con la misión y el sufrimiento vicario de Jesús de Nazaret. Tanto el Evangelio de Lucas como el Libro de los Hechos de los Apóstoles atestiguan el importante uso evangelístico de los poemas del Siervo (véase, p.ej.: Lc 4:18-20; Hch 26:19-23).

Pedro, en su famoso discurso frente a la puerta hermosa del Templo de Jerusalén (Hch 3:1-10), anunció que el Dios de Abraham, Isaac y Jacob, el Dios de los patriarcas y matriarcas de Israel había glorificado a su «siervo» Jesús, en una referencia directa a la humillación, sufrimiento y muerte de Cristo. Posteriormente, el etíope eunuco preguntó a Felipe, leyendo el texto de Isaías 53, a quien se refería el profeta (Hch 8:26-40). La respuesta del evangelista incluyó una exposición de la Escritura que finalizó con la afirmación de las buenas nuevas de Jesús.

El tema del sufrimiento vicario del Siervo para liberar a la humanidad de sus pecados también se manifiesta con regularidad en el resto del Nuevo Testamento. El apóstol Pablo, en secciones y enseñanzas que destacan la naturaleza y extensión de la predicación apostólica, recalca claramente que el Señor Jesucristo murió y se dio a sí mismo «por nuestros pecados» (Gá 1.3-5); y añade que Dios «hizo» a Jesús pecado por nosotros (2 Co 5:21).

Esas referencias que relacionan el ministerio de Jesús con las imágenes del Siervo que sufre por la humanidad se repiten en la literatura neotestamentaria (p.ej., Ro 8:3; Fil 2:5-11; 1 P 2:24; Ap 5:5). Y ese uso continuo y sistemático revela la importancia de esta interpretación teológica del Siervo y subraya también su uso en círculos cristianos desde el inicio mismo de la misión evangelística de la iglesia.

El origen de la relación de los cánticos del Siervo Sufriente con la figura del predicador de Nazaret debe haber comenzado propiamente con Jesús. Pronto en el desempeño de su misión, Jesús posiblemente se relacionó con los temas que se incluyen en los cánticos del Siervo y se identificó con ellos. La referencia continua de los evangelistas a esa identificación y la relación de Jesús con el Siervo del Señor puede ser un claro indicador de que esa interpretación nació con su autopercepción de la voluntad divina para su vida. Jesús, de acuerdo con el testimonio en la sinagoga de Nazaret, fue ungido por Dios, en la tradición de Isaías, para anunciar el año agradable del Señor y para salvar a la humanidad de sus pecados.

LA IGLESIA ES SIERVA DEL SEÑOR

Para la iglesia cristiana, uno de los temas de mayor importancia teológica, educativa, evangelística y apologética del Libro de Isaías es el del Siervo del Señor o el Siervo Sufriente. La misión fundamental de este importante personaje, que se presenta en los pasajes estudiados como Siervo, es llevar a cabo una labor de redención no sólo en beneficio del pueblo de Israel sino de todas las naciones. El Siervo es ungido para poder afrontar muchos padecimientos y cumplir el propósito salvador de Dios.

En el Antiguo Testamento el título de siervo se aplica a las personas que llevan a cabo tareas de gran importancia en el servicio del Señor (p.ej.: Moisés, Josué y David; Jos 1:1-2; 24:29; Sal 89:20; Jer 25:4). Según el Libro de Isaías, el título «siervo» se aplica en varias ocasiones al pueblo de Israel (Is 41:8; 44:2,21; 45:4; 48:20; 49:3). De acuerdo con esta interpretación, Israel como pueblo sufriente, luego de experimentar las penurias y angustias del exilio, resurgirá no sólo para servir al Señor sino para ser luz a las naciones, para llevar la salvación hasta lo más lejano de la tierra (Is 49:6). En la tradición judía, la identificación del Siervo y el pueblo de Israel es muy antigua.

La iglesia cristiana, como ya se ha visto, desde muy temprano en su historia, relacionó los poemas del Siervo Sufriente del Señor con la misión salvadora y expiatoria de Jesús de Nazaret. Esa percepción teológica se revela en varios pasajes del Nuevo Testamento, particularmente en los Evangelios (Mt 8:17; 12:18-21; Lc 22:37). Sin embargo, aunque la interpretación mesiánica de los cánticos del Siervo se convirtió, con el paso del tiempo, en la postura teológica generalmente aceptada por los cristianos, eso no impidió que se manifestaran otras comprensiones e interpretaciones de los cánticos entre los creyentes primitivos.

En el poema conocido como «El cántico de María» (Lc 1:46-55), en continuidad con la tradicional interpretación judía, se relaciona la figura del Siervo con el pueblo de Israel (Lc 1:54). Posteriormente, en el libro de los Hechos de los Apóstoles, la figura del Siervo, además de aplicarla a Jesús (Hch 2:34-40), se relaciona específicamente con el apóstol Pablo (Hch 26:17-18). Esa referencia al apóstol es muy importante porque revela que, aunque la relación entre la figura del Siervo y Jesús era muy común y apreciada, esto no impidió que la imagen también se aplicara a otros creyentes, particularmente a los líderes que cumplían funciones destacadas en la iglesia.

Una referencia adicional en torno al estudio y la aplicación de la figura del Siervo Sufriente del Señor es necesaria. En uno de los discursos más importantes de Jesús, conocido como «El sermón del monte» (Mt 5:1—7:27), se pueden identificar nuevamente algunas imágenes que aparecen en los cánticos del Siervo, esta vez aplicadas a los discípulos. Esta referencia escritural es fundamental en este análisis porque, de acuerdo con el relato evangélico, proviene directamente de Jesús.

Las exhortaciones a ser «luz del mundo» y a «poner la otra mejilla», a los que insultan y ofenden (Mt 5:14,16,39), pueden relacionarse con algunas ideas claramente expuestas en los cánticos (p.ej., Is 49:3,6; 50:6). De esta forma, varias de las responsabilidades y atributos del Siervo se continuaron aplicando a los cristianos. El uso de la imagen del Siervo del Señor no se agotó con su aplicación a Jesús; los creyentes continuaron relacionando responsabilidades del Siervo con el ministerio de la iglesia. Las posibilidades hermenéuticas de las imágenes del Siervo no quedaron cautivas en las interpretaciones individuales, históricas o mesiánicas; sirvieron para describir y afirmar el ministerio de la iglesia.

Esa posibilidad de interpretación colectiva de la imagen es fundamental para el desarrollo de una teología saludable del Siervo hoy en día. La iglesia, en su tarea misionera, es también la sierva que sufre las penurias y los conflictos del mundo. No es posible llevar a cabo un ministerio relevante y transformador desde la lejanía sino acompañando a un mundo que sufre y gime por la redención. La pertinencia en el ministerio se logra cuando los creyentes y las congregaciones e instituciones de la iglesia encarnan las vivencias de la sociedad y el mundo que les ha tocado servir y transformar. A «larga distancia» no se puede llevar a cabo un ministerio efectivo y aceptado en la sociedad contemporánea.

La iglesia sufriente es la que está presente en medio de los gozos y las tribulaciones de la gente. La iglesia sufriente es la que vive en medio de las dinámicas que pueden generar muerte y desesperanza. La iglesia sufriente es la que anuncia vida en medio de los parámetros de la muerte. La iglesia sufriente es la que vive «en medio de pueblo que tiene labios inmundos» (Is 6:5) y a la que el Señor nuevamente le dice: «He aquí que esto (la brasa) tocó tus labios, y es quitada tu culpa, y limpio tu pecado» (Is 6:7).

El estudio de los cánticos del Siervo nos confronta nuevamente con el corazón del mensaje isaiano y con la naturaleza transformadora de las experiencias vocacionales. Todo el Libro del profeta Isaías, incluida la misión del Siervo, se fundamenta en «la visión» de la voluntad de Dios que recibió el profeta. En esa visión se le hace la pregunta básica: «¿A quién enviaré, y quién irá por nosotros?» (Is 6:8).

Isaías, y los muchos profetas que han estudiado y actualizado su mensaje, han respondido con valentía y seguridad al llamado divino: «Heme aquí, envíame a mí» (Is 6:8).

CAPÍTULO 3

HE AQUÍ MI SIERVO EN QUIEN ME DELEITO

«He aquí mi siervo, yo le sostendré; mi escogido, en quien mi alma tiene contentamiento; he puesto sobre él mi Espíritu; él traerá justicia a las naciones.

No gritará, ni alzará su voz, ni la hará oír en las calles.

No quebrará la caña cascada, ni apagará el pábilo que humeare; por medio de la verdad traerá justicia.

No se cansará ni desmayará, hasta que establezca en la tierra justicia; y las costas esperarán su ley.»

—ISAÍAS 42:1-4

VOCACIÓN Y MISIÓN

El pasaje a estudiar en este capítulo incluye el primero de los cuatro poemas tradicionalmente identificados como los cánticos del Siervo del Señor (los otros poemas son: Is 49:1-6; 50:4-9; 52:13—53:12). Estos cuatro versículos del cántico son parte de una sección literaria y temática mayor que presenta dos temas fundamentales: la elección y presentación del Siervo del Señor, y la naturaleza y extensión de su misión.

En primer lugar, el cántico indica que el oficio del Siervo se fundamenta en la elección y voluntad divina. Se presenta al Siervo como particularmente identificado, llamado, seleccionado y comisionado por el Señor para desempeñar una serie importante de responsabilidades. Se subraya también en el poema la extensión y naturaleza de su proyecto de vida: la implantación de la justicia en las naciones y la afirmación de la Ley de Dios a la humanidad. Esa tarea equivale a decir que la función básica del Siervo es difundir y afirmar la revelación del Señor, que llegará, de acuerdo con este pasaje, a las naciones, no solo al pueblo de Israel, pues su misión tiene muy claras implicaciones universales.

El Siervo cumplirá su misión de forma extraordinaria no por la fuerza o mediante el uso de la autoridad y el poder militar de las armas, como otros líderes de la época, sino mediante un estilo misionero y programático novel generado por el Espíritu. Esa singular intervención divina afirma la humildad y la mansedumbre para apoyar lo débil, frágil y vacilante. Por otro lado, el Siervo también demostrará firmeza y autoridad, pues no vacilará ni se amilanará ante las dificultades y desafíos inherentes a su misión.

La estructura literaria del pasaje no es complicada, y el énfasis temático se pone claramente de manifiesto al comienzo mismo del cántico: «He aquí mi siervo» o «Este es mi Siervo», que ciertamente indica que Dios ha designado a alguien para cumplir algún encargo especial. Posteriormente se declara que el Siervo ha sido comisionado, preparado o equipado por el Espíritu para desempeñar una labor divina, que se repite en tres ocasiones en distintos puntos del poema: la implantación de la justicia (Is 42:1,3,4). Su misión se describe, además, con varias expresiones negativas (p.ej.: «No gritará, ni alzará su voz, ni la hará oír en las calles»), que pone de relieve una intención importante del autor del pasaje: contraponer claramente la misión del Siervo con la tarea de los otros líderes de la época.

La descripción del Siervo presenta varias similitudes y resonancias con el poema de Isaías 41:8-10, en el cual Dios se refiere directamente a Israel luego de repudiar los reclamos de los dioses falsos y sus representantes. Particularmente los paralelismos son los siguientes:

Israel, mi siervo eres tú
Te escogí, y no te deseché
(Isaías 41:8-10).

He aquí mi siervo, yo le sostendré; mi escogido
(Isaías 42:1).

En ambos casos se pueden distinguir claramente las siguientes características comunes: el título del Siervo, la fórmula de elección, y el apoyo y la seguridad divina. Sin embargo, en el primer poema, el Siervo es claramente identificado como Israel; mientras que en el segundo la identidad del Siervo se mantiene en el anonimato. En el análisis de este texto bíblico posiblemente es más importante ponderar y evaluar la misión e importancia del Siervo que descubrir su identidad precisa, que intencionalmente el autor ha querido mantener en secreto.

HE PUESTO SOBRE ÉL MI ESPÍRITU

42:1. El cántico comienza con una clara afirmación de Dios, quien habla y presenta al protagonista del pasaje, el Siervo: «He aquí». La expresión hebrea inicial, que algunas versiones modernas de la Biblia no traducen ni incluyen en el texto, pone de relieve la presentación divina e incorpora un fundamental elemento de autoridad y majestad a la comunicación.

El poema incluye un nombramiento o confirmación vocacional. Dios mismo presenta a la persona escogida para cumplir una serie importante de responsabilidades. El Señor es la fuente vocacional del Siervo y también el fundamento de lo que está llamado a hacer. No se identifican las virtudes humanas del personaje escogido ni se revelan características ejemplares del Siervo; únicamente se afirma y subraya el llamamiento divino. El objetivo fundamental de la revelación divina es presentar al Siervo como escogido por Dios.

La palabra «siervo» se utiliza en el Antiguo Testamento para referirse a algunas personas destacadas, como por ejemplo: Abraham, Moisés y David. En el ámbito secular, la frase «el siervo del rey» identifica a una persona de gran importancia y responsabilidad en la monarquía (2 R 22:12); y en la literatura del profeta Isaías se refiere explícitamente al pueblo de Israel (véase Is 41:8; 44:2, 21; 45:4; 48:20). Generalmente en esos pasajes el Siervo cumple funciones pasivas, mientras que en los cánticos se desempeña con valentía y autoridad.

El texto bíblico no dice ni insinúa las circunstancias que rodearon la comisión y presentación del Siervo. Sin embargo, si este pasaje se relaciona con Isaías 40:1-11 podemos inferir que se trata de un diálogo extraordinario en la corte celestial: El Señor presenta a su Siervo en el entorno divino y eterno. El cántico, posiblemente, no incluye aquí la descripción y vocación inicial del Siervo sino que alude a algún acto de afirmación especial en momentos de dificultad y tensión, en el que el Señor le reafirma su confianza y apoyo.

No sabemos si inicialmente el Siervo presentó el cántico para poner énfasis en su autoridad en algún momento de crisis en el exilio babilónico o si el propósito del pasaje es más bien íntimo y personal (p.ej.: como las confesiones de Jeremías, que son reflexiones íntimas; Jer 20). Posiblemente el cántico se incluye en la obra del profeta Isaías, pues contiene un mensaje de esperanza a una comunidad que está viviendo las penurias y angustias de la deportación y el exilio, con sus dificultades sociales, económicas, espirituales y políticas. El Siervo es el escogido por Dios para implantar la justicia y cambiar la suerte de los exiliados. La implantación de la justicia para la comunidad deportada era una referencia al fin del exilio en Babilonia y al inicio del programa de restauración nacional, que los llevaría de regreso a Jerusalén.

La afirmación de ser «escogido», aunque en Isaías se refiere generalmente a Israel, en este contexto alude específicamente al Siervo. La imagen enfatiza la relación íntima entre Dios y el Siervo; además, pone de relieve la intimidad necesaria para cumplir adecuadamente el mandato del Señor.

Dios ha puesto el Espíritu sobre el Siervo para capacitarlo en su misión. La expresión «en quien mi alma tiene contentamiento», revela metafóricamente el gran aprecio de Dios por el Siervo. De igual manera, el contentamiento divino proviene de la misión que el Siervo llevará a cabo.

La misión real del Siervo es la implantación de la justicia, particularmente en las naciones, y esa función se repite con regularidad en el cántico. El hebreo *mispat*, traducido generalmente como «justicia», «derecho», «juicio» o «veredicto», incluye características de sentido o niveles semánticos que no se manifiestan o que sobrepasan los límites lingüísticos de la palabra en español.

Este fundamental concepto que se encuentra en el corazón de la literatura bíblica, particularmente en el mensaje de los profetas, en el Libro de Isaías adquiere varios sentidos particulares, pues no está cautivo en sus componentes legales. En Isaías 40:14 se indica que la «justicia» o *mispat* proviene únicamente de Dios; en Isaías 40:23 se añade que es el Señor su única fuente verdadera; en Isaías 40:27 se afirma que, como respuesta al colapso moral del pueblo, Dios rechaza la «justicia humana»; y en Isaías 41:1 se llama a las naciones para que busquen ese tipo particular de «justicia». El concepto hebreo de *mispat* refleja el orden adecuado, justo y compasivo al cual Dios ha sujetado todo el universo, su creación.

En Israel, el Señor reveló su «justicia» a través de la *torá*, cuyo significado fundamental, más que a la «ley» alude, en efecto, a las enseñanzas, instrucciones o revelaciones divinas. Quienes repudian la "justicia" introducen el caos en la humanidad, que requiere de una particular intervención divina para restablecer el orden adecuado y necesario en el mundo.

Este concepto de justicia no sólo se manifiesta en el Libro de Isaías, sino que está presente en otras secciones de la Escritura: en las fórmulas de bendición y maldición de Deuteronomio y de Oseas (véase Dt 28; Os 4:1-3); en los continuos mensajes proféticos contra las naciones paganas (Am 1-2); y también en los Salmos, que afirman la importancia universal del concepto (Sal 82).

La misión del Siervo de implantar la justicia pone de relieve un elemento prioritario del mensaje de Isaías 40—55 y subraya decididamente un aspecto protagónico en la enseñanza bíblica. Más que un poema biográfico o autobiográfico, este primer cántico presenta el fundamento misionero de las personas que desean contribuir a la paz: la misión del Siervo desafía a las personas de bien a que trabajen para la implantación de la justicia, que ciertamente no es una tarea hipotética ni una labor teórica; alude, en efecto, al establecimiento real de las estructuras sociales, políticas, educativas y espirituales necesarias para el disfrute pleno de la vida.

42:2-3. El segundo versículo del poema presenta el estilo y la metodología de trabajo del Siervo: no alzará la voz para proclamar su mensaje. La palabra hebrea que se utiliza para indicar el tono de voz y la sobriedad del Siervo en el desempeño de sus funciones generalmente trasmite la idea de un clamor desesperado, un grito de angustia. Algunos estudiosos han interpretado esta sección del cántico como una referencia a los sufrimientos y desesperanzas del Siervo, tema que se desarrolla posteriormente en otros poemas (p.ej.: Is 52:13—53:12).

La frase «ni alzará su voz, ni la hará oír en las calles» puede ser una referencia a los antiguos profetas de juicio. El Siervo no utilizará esa antigua metodología de comunicación del juicio divino, sino que presentará el mensaje de justicia y del reinado universal de Dios que trae esperanza a los exiliados de forma calmada y sobria. El Siervo convocará a la comunidad, fundamentado en la autoridad moral que le brinda la misión que debe desempeñar. Su autoridad ética no se basará en la fuerza de la retórica persuasiva ni en el anuncio profético en alta voz, sino en el contenido transformador del mensaje.

Las referencias a «la caña cascada» y al «pábilo que humeare» indican que la justicia que implantará el Siervo no se fundamentará en la opresión y destrucción de los débiles. El Siervo mantendrá el apoyo humano («la caña») y afirmará las fuentes de luz de la gente que sufre («el pábilo»). Su misión tendrá en consideración a los débiles y responderá a sus clamores y necesidades.

Esas imágenes son posiblemente una alusión a la vida religiosa del pueblo de Israel en el exilio, que a los ojos del profeta era frágil y vacilante. El Siervo promoverá fielmente la justicia entre el pueblo deportado que ha perdido la esperanza. El resultado de la misión del Siervo promoverá el aprecio y afirmación de la Ley divina.

42:4. La misión del Siervo es de tal importancia que no puede vacilar hasta que haya cumplido lo que le fue encomendado. La necesidad de justicia es tan grande y apremiante en un entorno de destierro y exilio, que el Siervo del Señor no podrá detenerse hasta que haya terminado su misión. Algunos estudiosos han visto en este versículo cierta inferencia o alusión a un tipo de experiencia vocacional similar a la de Jeremías (Jer 1:19).

La referencia a «las naciones», «costas» o «islas», como se ha traducido la palabra hebrea, alude a los ciudadanos del pueblo de Israel que serán positivamente afectados por la intervención y manifestación de la justicia divina. Es una clara alusión al espíritu universalista del pasaje. El Siervo tiene una clara misión a las naciones paganas. La misma frase se utiliza posteriormente en referencia a las labores de Dios (Is 51:1). La misión del Siervo es también fuente de esperanza para la humanidad.

IMPLANTACIÓN DE LA JUSTICIA

Referente al fundamento del mensaje del primer cántico, debemos subrayar lo siguiente: Isaías 42:1-4 evoca las vocaciones reales en Israel y alude a la proclamación de justicia a las personas necesitadas. El Siervo cumple su misión como los antiguos jueces y reyes carismáticos del pasado israelita, pero al mismo tiempo tiene una función mediadora a través de la palabra, posiblemente como Moisés.

Los creyentes y las iglesias heredan esa misión del Siervo y trabajan por el establecimiento de la justicia y la paz del mundo. Esa vocación se fundamenta en la elección divina, y Dios ha dado su Espíritu para que lleven a cabo ese ministerio transformador. El «contentamiento divino» es el resultado de la fidelidad a la misión; es también el fruto del compromiso humano con los valores divinos que el Siervo promulga y promueve.

En el desempeño de su misión de implantar justicia, la iglesia sierva no utiliza las formas comunes de comunicación y presión política y social. La referencia a «no alzar la voz» o a «gritar» alude a las nuevas maneras de llevar a cabo la tarea misionera. El objetivo último del Siervo no es que sea escuchada su voz, sino que se establezcan las bases para que se cambien las estructuras sociales, económicas, políticas y espirituales que generan injusticia y mantienen las condiciones de desesperanza en la humanidad.

La finalidad de la misión del Siervo es la comunicación del mensaje divino que tiene la virtud y el poder de transformar, redimir, liberar y salvar a la humanidad. No es la totalidad de la misión de los creyentes y de las iglesias transmitir el mensaje divino ni predicar la palabra del Señor; esas son sólo algunas maneras de llevar a cabo el mandato último de implantar justicia.

El objetivo ineludible del pueblo de Dios es contribuir a que se establezcan los fundamentos necesarios para que la justicia no sea un ideal remoto, utópico e inalcanzable, sino que se manifieste como la realidad existencial para la humanidad, particularmente para que la gente más necesitada y marginada pueda disfrutar de la voluntad divina. La justicia no debe ser únicamente un tema recurrente de la homilética liberadora sino que debe convertirse en un programa restaurador que afirma los valores y principios que se manifiestan en la misión del Siervo del Señor.

CAPÍTULO 4

HIZO MI BOCA COMO ESPADA AFILADA

> *«Oídme, costas, y escuchad, pueblos lejanos. Jehová me llamó desde el vientre, desde las entrañas de mi madre tuvo mi nombre en memoria.*
>
> *Y puso mi boca como espada aguda, me cubrió con la sombra de su mano; y me puso por saeta bruñida, me guardó en su aljaba;*
>
> *y me dijo: Mi siervo eres, oh Israel, porque en ti me gloriaré.*
>
> *Pero yo dije: Por demás he trabajado, en vano y sin provecho he consumido mis fuerzas; pero mi causa está delante de Jehová, y mi recompensa con mi Dios.*
>
> *Ahora pues, dice Jehová, el que me formó desde el vientre para ser su siervo, para hacer volver a él a Jacob y para congregarle a Israel (porque estimado seré en los ojos de Jehová, y el Dios mío será mi fuerza);*
>
> *dice: Poco es para mí que tú seas mi siervo para levantar las tribus de Jacob, y para que restaures el remanente de Israel; también te di por luz de las naciones, para que seas mi salvación hasta lo postrero de la tierra.»*
>
> —ISAÍAS 49:1-6

ESCÚCHENME COSTAS

Con estos versículos comienza una nueva sección en el Libro de Isaías (Is 49—55), cuyo énfasis primordial incluye los siguientes temas: tres cánticos del Siervo del Señor y varias referencias importantes a Jerusalén en los poemas de la Hija de Sión. Es de notar que en esos capítulos no se menciona a Babilonia ni a Ciro, y se encuentran muy pocas alusiones a los ídolos y a la teología de la creación.

En efecto, el énfasis primordial de la sección es la reconstrucción de la ciudad de Jerusalén y el regreso de los exiliados. El

Siervo en estos capítulos no es una figura pasiva como en el primer cántico (Is 42:1-4), sino el agente de Dios para restablecer el pacto con Israel e implantar justicia en las naciones. Estos capítulos no subrayan demasiado las condiciones sociopolíticas y religiosas de la comunidad judía exiliada en Babilonia, sino que destacan la cautividad moral y espiritual de Israel y de las naciones.

Los versículos 1-6 de Isaías 49 incluyen el segundo cántico del Siervo del Señor, que se dirige esencialmente a las naciones y enfatiza la misión del Siervo. Quien habla en el poema es el Siervo y el Señor responde. Una reacción a este cántico se incluye en la siguiente sección (Is 49:7-13) del capítulo, que subraya nuevamente su misión, presenta a Dios en términos familiares para el libro de Isaías (p.ej.: el Dios Redentor y Santo de Israel) y pone énfasis en la protección divina del Siervo en los momentos de necesidad y crisis (Is 49:1-10).

Este segundo poema del Siervo es parte de una sección mayor del Libro de Isaías que ciertamente puede dividirse en tres porciones básicas de énfasis redentor y transformador: la anticipación de la salvación (Is 49:1—52:12); la proclamación y anuncio de la salvación (Is 52:13—53:12); y la invitación a la salvación (Is 54:1—55:13). Del primer cántico (Is 42:14) se toman y se desarrollan los temas de la naturaleza, el carácter y la misión del Siervo. La relación entre estos primeros dos cánticos es intensa, pues en el segundo se reitera y subraya la misión del Siervo que se había presentado en el primero; se trata de una especie de reintroducción en la cual se afirma el carácter salvador y particularmente universal de la misión del Siervo.

En el análisis del segundo cántico debemos tener prioritariamente en consideración la estructura temática del poema, que tiene como objetivo primordial anunciar y presentar la vocación y tarea del Siervo hacia las naciones. Se incluye la elección, el llamado y los recursos (o «armas») del Siervo (Is 49:1-3); también se presenta cierta ambivalencia vocacional (Is 49:4), además de poner de manifiesto su nueva responsabilidad (Is 49:5-6). Estos tres elementos del relato se incluyen de forma progresiva para facilitar la comprensión adecuada de la función del Siervo, aunque la intención del poema no es contribuir a su identificación precisa.

La relación temática y literaria de todo el capítulo 49 del Libro del profeta Isaías es íntima y clara. En los versículos 1-6 se presenta el cántico del Siervo, que recibe una respuesta en el poema que se incluye en los versículos 8-13. Isaías 49:7, que sirve de enlace entre las dos secciones, puede relacionarse con cualquiera de los dos poemas. Esta relación revela nuevamente una de las virtudes literarias del Libro de Isaías: el material de transición temática y literaria entre secciones se introduce con gran capacidad y habilidad estilística, y también con un buen conocimiento de los temas que se presentan.

ATIÉNDANME PUEBLOS LEJANOS

49:1. El cántico comienza con un anuncio profético a las naciones. El Siervo llama a las «costas» y a «los pueblos lejanos», es decir, a las comunidades y poblados más alejados de Israel, a escuchar su llamado. Llama la atención a las comunidades que están en los límites geográficos del mundo conocido de la época, para poner de relieve la naturaleza, peculiaridad, extensión y universalidad de la encarnación divina.

El Siervo habla con autoridad en este relato de vocación y las naciones paganas son sus interlocutoras inmediatas. El Siervo presenta sus credenciales proféticas a los pueblos que serán objeto de la extraordinaria revelación divina. Coincide esta vocación profética con los relatos de Jeremías, que subraya de forma enfática y clara, que ha sido llamado por Dios desde antes de nacer. Las imágenes que se utilizan para describir la experiencia vocacional son íntimas y penetrantes: «desde el vientre» y «desde las entrañas de mi madre». En efecto, estos artificios literarios revelan la profundidad de la revelación y manifiestan la seria percepción profética que tenía el Siervo. El lenguaje utilizado en este cántico recuerda al que se usa respecto de Israel, Ciro y Abraham (p.ej., Is 43:1; 45:3). Además, se toman y desarrollan dos puntos teológicos básicos del primer cántico (Is 42:1-4): la vocación del Siervo y su misión a las naciones.

Las referencias a la madre del Siervo son importantes y no deben ser subestimadas ni ignoradas. La imagen vocacional alude a lo más íntimo, preciado, profundo y secreto de la mujer: su experiencia de maternidad. Ese entorno sagrado y fundamental para la vida es el contexto de la vocación del Siervo. La expresión hebrea traducida aquí como «tuvo mi nombre en memoria» trasmite la idea de hacer algo memorable, e incluye el sentido de destacar y afirmar a la persona llamada. El poema, de esta forma, pone de relieve una vez más la preeminencia de la madre del líder, que previamente se la destaca en el Libro de Isaías (Is 7:14).

49:2. En este versículo se describe la boca del Siervo como «espada aguda». Como en las vocaciones proféticas, la comunicación oral (es decir, el uso efectivo de la palabra) juega un papel fundamental. La boca del Siervo alude a su comunicación, refleja su mensaje, simboliza su predicación y enseñanzas (Is 50:4).

La imagen utilizada es muy reveladora y pictórica, pues describe el mensaje del Siervo como «espada» y como «saeta» (flecha). Por un lado, la espada hace referencia al instrumento bélico de lucha cercana; la flecha, por su parte, refleja el conflicto a la distancia. El mensaje del Siervo afectará a las comunidades inmediatas y también llegará a la distancia para desafiar a los pueblos lejanos. La «espada» puede ser una alusión a los conflictos a causa del exilio en Babilonia; las «flechas», a las dificultades lejanas en Judá y Jerusalén. De forma poética el cántico refleja las dinámicas de tensión y conflicto en los dos entornos geográficos principales del pueblo judío del exilio: Babilonia y Jerusalén.

En la tradición de los profetas, el mensaje se describe en términos bélicos, penetrantes y agresivos (Jer 9:19; 23:29), que también el Nuevo Testamento relaciona con la palabra divina (Ef 6:17; Heb 4:12; Ap 1:16; 19:15). Lo que se dice de la tarea del Siervo en el versículo anterior ahora se hace específico. Tanto la espada como las flechas son más efectivas si se mantienen escondidas hasta el momento del combate. El poder de las armas se une a la sabiduría del combatiente. El mensaje indica que el Siervo debe utilizar su equipo bélico (es decir, su palabra profética y su mensaje universal) a las naciones con inteligencia.

El Siervo ciertamente cumplirá su misión mediante el uso de la palabra, no a través de las armas de guerra tradicionales. Llevará a cabo su tarea de forma pacífica; su triunfo no se fundamenta en la fuerza militar sino en la revelación de Dios; su victoria se basará en el poder y la autoridad moral de su mensaje. Aunque Ciro también es llamado «Siervo» en el Libro de Isaías, su poder radica en la milicia y el armamento; el Siervo del Señor ejecuta su programa liberador y redentor basado en la revelación y la protección divina.

El texto también manifiesta y subraya un sentido especial de confianza en el Señor; trasmite y afirma un nivel extraordinario de protección divina. Dios «cubrió» al Siervo con «la sombra de su mano». La imagen indica que el Señor, en el fragor del combate, provee un sentido de seguridad y apoyo a su Siervo. La fraseología utilizada recuerda algunos salmos que tienen la finalidad de consolar a los creyentes (p.ej., Sal 17:8; 27:5; 31:20; 64:3). Jeremías recibió un apoyo similar al inicio de su ministerio profético (Is 1:19).

49:3. El texto hebreo aquí es claro y directo: el Siervo es Israel. ¡La identificación es precisa! Sin embargo, antes de cerrar las discusiones con respecto a la identidad del Siervo debemos hacer una aclaración fundamental: la referencia a Israel en este versículo (basado en razones lingüísticas, teológicas y temáticas) puede ser una adición tardía al texto hebreo que, aunque está presente en la gran mayoría de los manuscritos antiguos, posiblemente no refleja todo el propósito del autor original.

Debemos notar, al estudiar con detenimiento esta referencia, que el término «Israel» no se utiliza primordialmente en el texto como un nombre propio sino que es un paralelismo con el título de Siervo. La implicación teológica y misionera de esta referencia es que Israel vivirá y actuará como si fuera el Siervo. Esta teología de servicio es la que se desprende de todo el Libro de Isaías: Israel es un instrumento de revelación divina a las naciones y un agente para que los pueblos paganos lleguen a Dios. Es importante notar también que la clara referencia a Israel elimina la posibilidad de que el Siervo sea el profeta que escribe el cántico, por lo menos en los primeros lectores del texto isaiano.

En las descripciones vocacionales del Siervo en los versículos 1 y 3 se manifiesta, por lo menos, una diferencia básica: Al inicio del cántico se presenta la vocación del Siervo desde la perspectiva profética; en el versículo 3 la descripción no sólo es similar a la vocación profética (Is 49:1) sino que alude a la comisión y designación de un rey. El texto recuerda el salmo que dice: «Yo publicaré el decreto; Jehová me ha dicho: Mi hijo eres tú; yo te engendré hoy» (Sal 2:7). En la tradición del salmo, ¡Dios se glorificará en el Siervo! Se revela así un nivel insospechado de gracia y revelación.

La naturaleza y las dinámicas de las relaciones entre siervos y amo demandan y requieren que los siervos honren a sus señores. El caso específico del Siervo del Señor es diferente: el Siervo será objeto de la honra divina. La frase que describe esta relación presenta una manera de subrayar la importancia del Siervo y su misión; es una forma de poner en relieve lo fundamental de la tarea del Siervo para el mundo. El Siervo hará que la gloria divina llegue a la humanidad.

49:4. En este versículo se presentan los sentimientos más íntimos del Siervo. Aunque la misión a las naciones es extraordinaria, el Siervo siente las presiones relacionadas con las tareas serias y complejas que debe emprender. Luego de cumplir con responsabilidad su labor, el Siervo se siente cansado, impotente y frustrado. Piensa que ha trabajado en vano; siente que su labor no es apreciada.

El Siervo se une de esa forma a la gran mayoría de los seres humanos que experimentan penurias y dolores al ver que la gente no responde positivamente a los desafíos que se presentan. Esta referencia pone en evidencia la humanidad del Siervo, que ante las reacciones humanas siente la presión de la frustración. Varios profetas tuvieron experiencias similares (Is 6:5; Jer 1:6).

Sin embargo, de pronto el Siervo recapacita y descubre que el Señor lo apoya y afirma. ¡El Dios de la justicia defiende a su Siervo! En medio de una crisis de fe y vocación, el Siervo descubre que no está solo, que el Señor lo acompaña para revelarle uno de los atributos divinos más importantes: la justicia. La fuente de esperanza del Siervo está en la justicia divina, pues su «recompensa» está en el Señor, no en la reacción de la gente a su mensaje ni en la respuesta de la comunidad a su ministerio. La fortaleza del Siervo se basa en la autoridad divina y en la naturaleza de la revelación: aunque la gente no aprecie su labor ni acepte su mensaje, el Siervo tiene de compañero de camino y labores al Dios que lo llamó y comisionó desde «el vientre de su madre» a anunciar su revelación a las naciones (Ro 8:31-39; 1 Co 4:1-5).

49:5. En este versículo se presenta la misión concreta del Siervo. En la sección inicial (Is 49:1-4) se introdujo el tema misionero de forma general. Ahora el Siervo presenta su misión de forma específica: «hacer volver a él a Jacob» y «congregar a Israel». El Señor es quien habla e introduce la fórmula profética tradicional: Dios mismo revela su voluntad al Siervo. Desde antes de nacer, Dios lo comisionó para restaurar y reunir al pueblo. Esta referencia es una clara alusión al fin del exilio, al fin de las penurias de los deportados. La misión del Siervo se relaciona con el acto divino que acabará con el período de dolores políticos, sociales y espirituales vividos en Babilonia. El Siervo fue llamado, de acuerdo con este pasaje, a contribuir significativamente en los procesos que pondrían fin al exilio de Israel en Babilonia. La misión es descrita como la restauración de un pueblo que está disperso.

Ciro es también llamado por Dios a participar en el importante proceso de restauración y reconstrucción nacional (véase

Is 42:7; 44:28; 45:13); sin embargo, su tarea es diferente a la del Siervo. Aunque los dos son instrumentos divinos para ponerle fin al exilio de Israel, las formas de trabajo y la naturaleza de las misiones y liberaciones son diferentes. Ciro utilizará la milicia y el poder bélico para obtener el resultado de la liberación; el Siervo usará el poder de la palabra, la virtud del mensaje y la autoridad de la revelación divina para presentar el carácter redentor de su misión. Los dos son «siervos» de Dios y han sido llamados para cumplir una importante misión divina; en efecto, sus labores se complementan.

Ciro desarrollará una estrategia militar que ayudará a que los exiliados regresen a Jerusalén; y el Siervo, con la autoridad de la palabra divina, llevará a cabo un tipo de ministerio profético que apoyará ese retorno y afirmará la importancia del regreso del pueblo al lugar sagrado provisto por el Señor: la Tierra Prometida.

La idea de la cláusula final del versículo es clara: el Siervo reitera su confianza en el Señor; se asombra por el trato divino que ha recibido. Aunque algunos exégetas prefieren unir este pensamiento del Siervo con el versículo 4, la verdad es que no hay un apoyo textual para hacer ese tipo de restructuración literaria. El mensaje es comprensible, pues en medio de la revelación del mensaje divino acerca de la misión, se incluye una reflexión del mismo Siervo que reacciona al llamado divino y a la naturaleza de la revelación.

49:6. Aquí se incluye la revelación directa de Dios. El Señor, al percatarse de la humildad del Siervo y también de su reacción a la revelación divina, añade un extraordinario componente soteriológico a su misión. ¡Restablecer a Jacob y restaurar a Israel no es suficiente! Aunque se trata de una tarea redentora muy seria, importante y encomiable, la labor misionera del Siervo no estará confinada a las dinámicas internas del pueblo. Se añade a la misión del Siervo del Señor que será «luz de las naciones». Se ubica la misión del Siervo en una dimensión nueva; se indica que su ministerio llegará e iluminará no sólo los cielos de Israel sino que su mensaje resplandecerá en medio de las naciones paganas.

Ese elemento universal del mensaje ubica al Siervo y su misión en un nivel extraordinario en las tradiciones proféticas de Israel. La tarea profética del Siervo no se agota con el mensaje al «pueblo escogido», sino que revela y afirma el interés de Dios en toda la humanidad, independiente de sus orígenes étnicos. El objetivo divino con el Siervo es que la salvación llegue hasta «lo postrero de la tierra». El texto bíblico describe el compromiso divino con todos los pueblos de la tierra y subraya su extraordinario poder sobre pueblos y monarcas.

EN QUIEN ME GLORIFICARÉ

El segundo cántico del Siervo revela varios niveles teológicos y educativos que deben ponerse de relieve en todo proceso de contextualización. Se desprende del poema la importancia de la universalidad del mensaje divino y el interés salvador de Dios. El Siervo no es un militar hostil ni un político inescrupuloso. De acuerdo con el texto bíblico, es el agente divino que restaurará a Israel y se convertirá en la iluminación del camino de la redención de la ciudad.

Una implicancia importante del mensaje del Siervo es que la voluntad divina impele a los creyentes hacia afuera de sus propias fronteras étnicas, ideológicas y regionales; es decir, la revelación de Dios no se concentra únicamente en el bienestar de los creyentes sino que propicia la salvación de todos los pueblos. El propósito del Siervo, y de los creyentes que se identifican con ese mensaje redentor, es llevar la salvación divina a lo último de la tierra; es presentar la capacidad que tiene Dios de intervenir en medio de la historia humana, independientemente de las nacionalidades.

No es el deseo de Dios, según el segundo cántico del Siervo, que la revelación transformadora del Señor quede confinada sólo a su pueblo, en este caso específico al de Israel. Aunque el Siervo tiene una tarea especial y fundamental con el pueblo judío, su misión es más amplia. Los verdaderos siervos y siervas del Señor se conocen por la capacidad y el compromiso que demuestran en la universalización del mensaje divino. La gente que transmite y vive la misión del Siervo no agota las posibilidades de servicio en sus comunidades de fe, sino que traspasa las dinámicas internas y los linderos nacionales y se proyecta con fuerza y vigor hacia toda la comunidad.

Las imágenes que describen la palabra divina son extraordinarias: espada y flechas. Esta relación de la revelación divina con dos armas de combate pone de relieve el entorno hostil que puede servir de marco a la misión del Siervo y de las personas que desean seguir su ejemplo. Esa fraseología simbólica de guerra indica que ante la palabra divina puede haber confrontación; ante la revelación de Dios pueden manifestarse reproches y contiendas que tratarán de impedir que la «luz divina» llegue a los pueblos de la tierra. La espada alude ciertamente a los conflictos cercanos, personales y conocidos; las flechas pueden representar las luchas lejanas, impersonales y desconocidas. La referencia a las dos armas pone en clara evidencia la seriedad de los conflictos que pueden atentar contra la misión del Siervo del Señor.

Un aspecto importante desde la perspectiva teológica, educativa y misionera es la humanidad del Siervo y su capacidad de humillarse y presentarse tal y como es ante Dios. Sus frustraciones y conflictos internos le permiten identificarse plenamente con la humanidad; particularmente le facilitan comprender a las personas que, frente a los grandes desafíos misioneros que presenta la sociedad contemporánea, se sienten impotentes, inseguras y sin fuerzas.

Ese modelo de liderazgo que conoce las frustraciones y dolores de la vida permite a los creyentes relacionarse y apreciar la labor del Siervo, que también es símbolo claro y preciso de superación y triunfo. La esperanza del Siervo no estaba fundamentada en las fuerzas humanas ni en el poder político o militar, sino en el Señor y su justicia. La justicia divina se destaca como fuente de autoridad que genera esperanza y seguridad, como agente de afirmación y apoyo, como elemento de superación y victoria. Cuando se hizo frágil, el Siervo incentivó la manifestación más poderosa de Dios: el Señor lo convirtió en luz de las naciones.

Esa intervención divina ante la fragilidad del Siervo pone en evidencia una extraordinaria característica de Dios: el apoyo divino se manifiesta de forma extraordinaria en el momento de mayor necesidad humana. En el instante de mayor debilidad se hace más patente el poder divino. Esa enseñanza es fuente de apoyo para los líderes que deben llevar a cabo ministerios complejos y tareas difíciles. En medio de las soledades humanas el Señor genera seguridad y sobriedad; al fragor del combate de la vida, Dios interviene como agente restaurador. El Siervo es un buen modelo, en medio de las dificultades que planteaba el exilio judío en Babilonia, de la respuesta divina a las debilidades humanas.

CAPÍTULO 5

PARA SOSTENER CON MI PALABRA AL FATIGADO

> *«Jehová EL SEÑOR me dio lengua de sabios, para saber hablar palabras al cansado; despertará mañana tras mañana, despertará mi oído para que oiga como los sabios.*
>
> *Jehová el Señor me abrió el oído, y yo no fui rebelde, ni me volví atrás.*
>
> *Di mi cuerpo a los heridores, y mis mejillas a los que me mesaban la barba; no escondí mi rostro de injurias y de esputos.*
>
> *Porque Jehová el Señor me ayudará, por tanto no me avergoncé; por eso puse mi rostro como un pedernal, y sé que no seré avergonzado.*
>
> *Cercano está de mí el que me salva; ¿quién contenderá conmigo? Juntémonos. ¿Quién es el adversario de mi causa? Acérquese a mí.*
>
> *He aquí que Jehová el Señor me ayudará; ¿quién hay que me condene? He aquí que todos ellos se envejecerán como ropa de vestir, serán comidos por la polilla.»*
>
> —ISAÍAS 50:4-9

ME HA CONCEDIDO TENER UNA LENGUA INSTRUIDA

Aunque la palabra «siervo» (en hebreo, *ebed*) no se utiliza explícitamente en este poema, en efecto, el pasaje se relaciona con los cánticos del Siervo del Señor (Is 42:1-4; 49:1-6; 52:13—53:12) por varias razones temáticas y estilísticas. En primer lugar, los asuntos proféticos y los temas vocacionales relacionados con el Siervo se manifiestan con claridad y fuerza en este pasaje; además, el poema está escrito en primera persona singular, en la tradición, forma y estilo de los poemas del Siervo del Señor. Posiblemente este tercer cántico se escribió algún tiempo después del segundo, pues junto al sentimiento de frustración que se manifiesta en el cántico anterior (Is 49:1-6), se alude aquí directamente a la violencia física contra el Siervo como respuesta a su misión. Este poema añade a los otros cánticos del Siervo del Señor temas importantes como el sufrimiento, el dolor, la persecución y la humillación.

El entorno histórico preciso del poema se desconoce; sin embargo, del análisis del versículo 8 se pueden inferir algunos detalles de gran importancia. Este versículo hace una clara referencia al contexto legal y judicial en que se encontraba el Siervo. Posiblemente, por comunicar un mensaje de esperanza que apoyaba la liberación de los judíos desterrados relacionado con la victoria de Ciro, el Siervo fue perseguido y herido por las autoridades babilónicas.

Este cántico puede leerse en el contexto histórico de los años 520—515 a.C. en Jerusalén, luego del exilio. Ya Cámbises había muerto y Gaumata había sido proclamado y reconocido como emperador de Babilonia en toda Mesopotamia y también en los estados del este del imperio. Darío dirigía los ejércitos de persas que trataban de implantar la autoridad del emperador tanto en Palestina como en Egipto. Por aquel tiempo, Zorobabel era el líder en Jerusalén.

Durante ese importante período de transformación de Jerusalén, se pueden distinguir por lo menos dos grupos sociales, políticos y religiosos, que tenían ideas diferentes en torno a la reconstrucción de la cuidad y la restauración del judaísmo en Judá. El primer grupo posiblemente estaba relacionado con un sector sin prestigio social y sin poder religioso y económico; manifestaba ideas y teologías particularmente escatológicas.

También se puede identificar el otro sector ideológico y teológico de la comunidad postexílica con un grupo sacerdotal que controlaba el culto y tenía el poder político. En ese contexto de separación, polarización y confrontación se llevan a cabo las labores de reconstrucción nacional.

El testimonio bíblico identifica a cuatro personajes de importancia en la historia judía de esa época: Josué, el sacerdote; los profetas Hageo y Zacarías y Zorobabel. De ese grupo de líderes, Zorobabel es una figura que requiere una mención especial.

Las referencias a Zorobabel en la literatura antigua son variadas. En 1 Crónicas 3:19 se indica que proviene del linaje de David, pues es hijo de Pedías y nieto de Joaquín. En Esdras 2:2 se incluye su nombre entre los que regresaron a Jerusalén desde Babilonia; y en 3:8 se añade que, junto con el sumo sacerdote, Josué designó algunos levitas para que se encargaran del altar del Templo. En los libros proféticos de Hageo y Zacarías aparece como un personaje protagónico en el período inicial de reconstrucción; y en el libro apócrifo de 1 Esdras 3:13—4:63 se indica que era colaborador de Darío. Josefo alude también a Zorobabel e indica que era amigo de Cámbises, el emperador de Babilonia.

De acuerdo con las fuentes disponibles, Zorobabel debió ser un líder importante en el período de la reconstrucción del Templo de Jerusalén (c.520—516 a.C.); posiblemente era gobernador de Judá y gozaba de la confianza del imperio, pues parece que conocía personalmente a Darío, el famoso militar persa. De la etapa final de su vida, el testimonio bíblico no ofrece detalles; en torno a la culminación de su carrera política y administrativa en Jerusalén no hay información disponible.

Este tercer cántico del Siervo del Señor se escribe posiblemente en ese período de Zorobabel en un singular género literario. Aunque tiene elementos que pueden relacionarse con los salmos de lamento individual (Sal 50:5-6) o con los salmos de confianza (Sal 50:7- 9), el análisis total del poema revela que se trata más bien del «lamento de un intercesor». Este tipo de salmo o poema presenta a un mediador que intercede por el pueblo como reacción a alguna calamidad personal o nacional.

Un elemento importante del estudio de este cántico es que el trasfondo literario y temático de Isaías 50:4-9 se puede relacionar con varios pasajes del libro de Jeremías. En el cántico, el Siervo expresa sus sentimientos más profundos ante los dolores y la crisis que enfrentan de un modo similar al que le sucedió al famoso profeta de Anatot. Tanto el Siervo del Señor como Jeremías se sienten perseguidos y heridos por la comunidad (véase, p.ej.: Jer 11:19; 15:11; 18:22). Pero ambos responden con fe y fidelidad a Dios. Los paralelismos también se manifiestan al estudiar la confianza en el Señor que los dos líderes presentan en medio de las dificultades (véase, p.ej.: Jer 11:20; 15:15-16; 17:14; 18:23; 20:11-12).

Este cántico presenta una vez más la naturaleza profética de la misión del Siervo. Afirma, en primer lugar, la vocación e importancia de la palabra; destaca también el aspecto del sufrimiento en el desempeño de su tarea; y finalmente subraya la confianza en el Señor. Estos tres elementos son factores de importancia capital en la interpretación de la misión del Siervo como una tarea esencialmente profética. El Siervo debe llevar a cabo su misión desde la clásica perspectiva profética. El Siervo (como los antiguos profetas de Israel) es un hombre al servicio de la palabra divina. Su misión es «consolar» (Is 40:1). La misión de Jeremías era «destruir y edificar» (Jer 1:2,7,9). Esa palabra divina no llega de forma mecánica ni mágica, sino mediante procesos de diálogos con sus interlocutores: de ahí la importancia del «oír» a la gente abatida, oprimida y necesitada.

Como en lo cánticos anteriores, los versículos 10-11 presentan una respuesta al poema del Siervo. Estos versículos, por su parte, aunque continúan los temas que se incluyen en 50:4-9, revelan otro entorno histórico, un contexto social y político diferente, y un ambiente sicológico distinto. Ya no es el Siervo quien habla; se manifiesta un sentido de pesimismo que delata su redacción posterior. Posiblemente reflejan el estado anímico de la comunidad de discípulos del profeta Isaías al evaluar el proceso de retorno y de reconstrucción nacional, y percatarse de que los resultados no son los esperados.

CADA MAÑANA DESPIERTA MI OÍDO

50:4. El Siervo continúa la presentación de su mensaje que dirige en esta ocasión no a las naciones paganas sino al pueblo de Israel, al cual se alude en la expresión «cansado». El objetivo es indicar que Dios lo ha comisionado para brindar la palabra adecuada a las personas más necesitadas, a los abatidos y angustiados del pueblo. Dios mismo «despierta» al Siervo; es decir, el Señor lo capacita para escuchar que significa, más que oír, solidarizarse con la gente que requiere el apoyo divino.

El versículo 4 comienza con la expresión traducida al castellano como «Jehová el Señor» (en hebreo, «mi Señor Yahweh»), que se repite en cuatro ocasiones durante el cántico. Aunque la expresión se incluye varias veces en esta sección de la literatura isaiana, en los cánticos del Siervo únicamente aparece en este poema. Es posiblemente una forma literaria de enfatizar la seriedad e importancia de la revelación y la misión, y es también una manera de relacionar la vocación del Siervo con el Dios que crea y redime a la humanidad.

La frase «lengua de sabios» trasmite una idea particular de la misión del Siervo. Se pone de manifiesto una vez más la naturaleza profética de su misión (Is 49:2). El Siervo es un hombre de la palabra; ha sido llamado para anunciar la revelación divina a la humanidad. La expresión hebrea que tradujimos al inicio del versículo como «sabio» (que también se incluye en Is 8:16 como «discípulos» y en 54:13 como «hijos») trasmite el concepto de «estudiante» que están en contacto íntimo con su maestro. El Siervo ha recibido de su «maestro» la capacidad de trasmitir el mensaje divino; el contenido específico de esa palabra es producto del proceso educativo entre el Señor y el Siervo. Quien habla al pueblo es el Siervo-discípulo que trasmite la palabra divina con la autoridad de su «maestro» y Señor.

El objetivo del mensaje del Siervo es apoyar al abatido, que es una manera concreta de ayudar al que no tiene aliento, consolar a quienes no tienen esperanza y liberar a quienes están cautivos. Aunque continúa el tema misionero que se manifiesta en el segundo cántico, se añade un elemento adicional; se indica con claridad el propósito de la palabra divina dada al pueblo: apoyar al abatido. La palabra divina no llega a la humanidad con generalidades para entretener a los oyentes ni con palabras sin contenido específico para halagar la musicalidad del oído: el objetivo específico de la misión del Siervo es responder a las necesidades más profundas de los sectores marginados y heridos de la sociedad.

Dios mismo prepara al Siervo para su tarea misionera. Cada mañana despierta su oído para que pueda escuchar como un buen estudiante. La comunicación profética tiene dos bases fundamentales. En primer lugar, el profeta trasmite la revelación divina, pues comunica la voluntad de Dios al pueblo. Además, el profeta debe escuchar a su comunidad; debe atender a los reclamos de la gente; debe responder a las necesidades concretas y específicas de sus interlocutores. Si el mensaje profético proviene de Dios para apoyar a la gente abatida y necesitada, entonces el profeta debe entender bien las dinámicas sociales, políticas y espirituales que afectan a las personas a quienes dirige su palabra. Este texto describe adecuadamente la naturaleza de la vocación profética: se recibe la revelación de Dios y se escucha el clamor de la gente.

En el lenguaje bíblico «oír» la palabra de Dios también trasmite la idea de obedecer. El Siervo despertaba cada mañana para escuchar la revelación del Señor, que significa, en efecto, el acto de apreciar, afirmar y obedecer el mensaje divino. El Siervo trasmite al pueblo la enseñanza que ha escuchado y ha obedecido, pues el compromiso profético no se confina a la comunicación impersonal; incluye también la encarnación del mensaje en la vida del mensajero divino.

50:5-6. El Siervo continúa su mensaje. Repite que el Señor es quien le ha abierto el oído; es decir, Dios mismo es quien lo capacita, prepara y dirige en su misión profética. Afirma, además, que ante la persecución, las humillaciones, la hostilidad, los ultrajes y la violencia que sufrió no se acobardó ni se amilanó: el Siervo enfrentó la crisis con autoridad y valor.

Las humillaciones que se describen en esta sección pueden ser una referencia a la actitud y respuesta de la comunidad a su vida y ministerio. Posiblemente revelan las reacciones del pueblo a la vida de los profetas. Sin embargo, a la luz del versículo, podemos inferir que posiblemente estos vejámenes se refieren a algún proceso judicial específico al cual estuvo expuesto el Siervo por causa de su mensaje y ministerio.

Porque el Señor lo preparó previamente, el Siervo tuvo la capacidad de resistir la adversidad de la comunidad con valentía. Se revela en el texto la fuente de esperanza del Siervo: El Señor lo capacitó para enfrentar la persecución con autoridad. El temor quedó atrás, ante el valor y el poder de un profeta que enfrentó el peligro cara a cara. El Siervo no se atemorizó frente a aquellos que le golpeaban las espaldas o los que le «halaban la barba» (que era una forma antigua de injuriar y humillar a los adversarios), y enfrentó con valor a quienes lo abofeteaban y escupían, que también eran maneras de ofender y denigrar a los enemigos en tiempos bíblicos.

La obediencia absoluta del Siervo lo llevó a enfrentar la humillación, persecución y violencia con valentía y autoridad. El sentido de fidelidad a la revelación divina y su compromiso con el pueblo lo preparó para no amilanarse ante los embates de la adversidad. Fue más poderoso en el Siervo su compromiso misionero que su sentido de seguridad personal y autoprotección. Su comprensión de la labor profética que debía llevar a cabo era superior a su seguridad física. El temor a ser ridiculizado y hasta perder su vida no fue la fuerza que orientó las decisiones y las acciones del Siervo. Ante la respuesta hostil de la comunidad, respondió con valor espiritual y autoridad moral.

50:7. La confianza en el Señor era el fundamento de la fortaleza del Siervo. En medio de la crisis, recordaba que su vocación provenía de la revelación divina; su tarea era producto del llamado de Dios; escuchaba la palabra, como buen discípulo y estudiante, de su Maestro y Señor. Si Dios era su ayuda entonces podía enfrentar la adversidad sin temor: no se acobardó ni endureció su rostro y comprendió que no sería defraudado.

En la antigüedad, cuando una persona se sometía sin oposición ni protestaba ante los vejámenes descritos en estos versículos era una especie de aceptación pública de culpa; la comunidad entendía, en efecto, que la persona enjuiciada aceptaba las acusaciones que se le imputaban. El texto indica que, aunque el Siervo enfrentó humildemente las vicisitudes de la persecución y la injusticia, eso no constituía una aceptación de culpabilidad por ningún delito. El Siervo pasó por los caminos dolorosos de la humillación pública y el ridículo comunitario por ser obediente al llamado de Dios. En este sentido el Siervo siguió la tradición de varios profetas que lo precedieron (p.ej.: Jer 1:15 y Ez 13:9).

Estos profetas enfrentaron las injusticias más hirientes por la vocación que tenían, por respeto al ministerio que llevaban a cabo y por el compromiso con las personas que servían.

50:8. Los últimos dos versículos del cántico presuponen un entorno legal; reflejan, posiblemente, un ambiente de corte, algún tipo de juicio que el Siervo debía enfrentar. El lenguaje utilizado es característico de la segunda sección del libro de Isaías (Is 40—55). Hay referencias directas al abogado defensor y al fiscal, y se insinúa que el juez está dispuesto a recibirlos y escuchar el caso.

La fe firme del Siervo en su «defensor» le brinda seguridad. Esa confianza lo impele a llamar a sus acusadores y fiscales para que presenten el caso en su contra; ese sentido de apoyo divino lo mueve a reclamar que se presenten los cargos e inclusive lo motivan a llamar a sus acusadores para enfrentarlos cara a cara. Como el Señor es su «defensor», el Siervo responde con seguridad a las injurias de la comunidad y actúa con valor ante las posibles injusticias de la corte. La defensa divina es fuente de esperanza para el Siervo, que a su vez se convierte en mensaje de apoyo para el pueblo.

50:9. Se repite el tema de la seguridad del Siervo y se añade que nadie podrá condenarlo, pues el Señor es la fuente de su ayuda y sostén. Además, se incluye una nota importante respecto a sus acusadores y enemigos: como la ropa, se gasta; la polilla los destruye (Is 51:6; Job 13:2; Sal 39:12; 102:27). El Siervo no reclama venganza contra sus adversarios; expresa la transitoriedad de la crisis; revela que el tiempo terminará con sus enemigos; confía que sus dolores son pasajeros.

El cántico finaliza con la presentación del carácter moral del Siervo. No sólo enfrenta la crisis con valor y responde con seguridad y valor ante las injusticias, sino que no solicita el juicio divino contra sus adversarios ni pide venganza contra sus enemigos. El Siervo es un modelo de ética sobria que entiende que su labor es presentar el mensaje y resistir con valor las consecuencias de las respuestas humanas a ese compromiso divino.

EL SEÑOR ABRIÓ MIS OÍDOS

El mensaje del tercer cántico del Siervo del Señor nos presenta la relación íntima entre la palabra divina y la capacidad de escuchar las necesidades de la gente. El Siervo, en su función profética, debe recibir la revelación de Dios al mismo tiempo que debe oír el clamor de la comunidad. El poema pone de relieve dos elementos indispensables de la tarea profética: el aprecio y respeto por la palabra de Dios y el compromiso de responder a los clamores del pueblo.

Esas funciones son indispensables para llevar a cabo ministerios relevantes en la sociedad contemporánea. En la tradición del Siervo, la profecía pertinente es la que toma la revelación divina y la relaciona con las necesidades de la comunidad; el mensaje profético relevante es el que actualiza la revelación a la luz de lo que el pueblo requiere y necesita. Se pone de manifiesto en esa dinámica del Siervo los dos elementos requeridos para el éxito de la misión: la palabra divina no se da en el vacío; toma en consideración las peculiaridades de las personas y las comunidades que interpela. Esa capacidad de contextualización hizo exitosa la misión del Siervo.

El escuchar las necesidades de la gente le permitió al Siervo identificarse con las personas abatidas y angustiadas del pueblo. La palabra profética no está dirigida «a quien le pueda interesar», sino que tiene como propósito último y fundamental llegar a los sectores más necesitados y oprimidos de los pueblos. El Siervo vive para dar el mensaje de aliento a los abatidos; predica para anunciar liberación a los cautivos; ministra para llevar esperanza a los desamparados. Esa palabra de aliento, esperanza y liberación se relaciona no sólo con la presentación de la palabra de justicia sino con el mensaje que denuncia la injusticia y el cautiverio.

El escuchar le permite a la gente que sigue el modelo de liderazgo del Siervo del Señor percatarse de dónde está la necesidad; le ayuda a descubrir el dolor oculto; le facilita responder a las angustias profundas. Ese importante acto se relaciona con la actividad divina. ¡El Señor le abrió el oído al Siervo! Es decir que el proceso de oír los dolores del pueblo se fundamenta en la voluntad de Dios. Él está interesado en que escuchemos y que lo hagamos bien.

El Señor nos invita a prestar atención a lo que sucede en las comunidades que servimos para relacionar la revelación divina con los dolores más hondos y las desesperanzas más profundas de la gente que deseamos servir. La palabra divina requiere que la gente que ministra tome seriamente en consideración lo que la gente dice, piensa, hace y demanda. No se puede ministrar con efectividad sin acercarse al dolor, sin sentir la angustia, sin percatarse de los problemas subyacentes y los clamores ocultos. De lejos no se ministra con efectividad; a larga distancia no se responde adecuadamente a las necesidades de la gente.

La capacidad de recibir la revelación de Dios junto con el firme compromiso con el pueblo son agentes de esperanza para el Siervo. Ante la crisis se mantuvo erguido y frente al dolor permaneció incólume. Cara a cara ante la injuria y la humillación, no perdió su sentido del deber y su autoridad, pues su fortaleza se fundamentaba en su confianza en el Señor. El poder contra la injusticia se relaciona con el carácter moral y la seguridad vocacional de las personas. Las dificultades mayores de la vida generan en la gente íntegra las dinámicas de fe necesarias para superar la crisis con valentía y seguridad.

El Siervo enfrentó la violencia porque entendía que su defensor era el Señor. Este sentido de apoyo divino le permitió encarar las humillaciones y los vejámenes sin sucumbir. La gente de bien resiste el conflicto y la crisis, pues se ampara en las fuerzas que le brindan el carácter moral y la autoridad espiritual que posee. El Siervo descubrió la palabra que consuela no sólo a la gente abatida, sino para su propio bien: el Dios que lo llamó al ministerio profético estaba a su lado en la hora de dolor y desesperanza. Su defensor era apoyo para los abatidos y fortaleza para el Siervo.

CAPÍTULO 6

VARÓN DE DOLORES

«He aquí que mi siervo será prosperado, será engrandecido y exaltado, y será puesto muy en alto.

Como se asombraron de ti muchos, de tal manera fue desfigurado de los hombres su parecer, y su hermosura más que la de los hijos de los hombres,

así asombrará él a muchas naciones; los reyes cerrarán ante él la boca, porque verán lo que nunca les fue contado, y entenderán lo que jamás habían oído.»

—ISAÍAS 52:13-15

«¿Quién ha creído a nuestro anuncio? ¿Y sobre quién se ha manifestado el brazo de Jehová?

Subirá cual renuevo delante de él, y como raíz de tierra seca; no hay parecer en él, ni hermosura; le veremos, mas sin atractivo para que le deseemos.

Despreciado y desechado entre los hombres, varón de dolores, experimentado en quebranto; y como que escondimos de él el rostro, fue menospreciado, y no lo estimamos.

Ciertamente llevó él nuestras enfermedades, y sufrió nuestros dolores; y nosotros le tuvimos por azotado, por herido de Dios y abatido.

Mas él herido fue por nuestras rebeliones, molido por nuestros pecados; el castigo de nuestra paz fue sobre él, y por su llaga fuimos nosotros curados.

Todos nosotros nos descarriamos como ovejas, cada cual se apartó por su camino; mas Jehová cargó en él el pecado de todos nosotros.

Angustiado él, y afligido, no abrió su boca; como cordero fue llevado al matadero; y como oveja delante de sus trasquiladores, enmudeció, y no abrió su boca.

Por cárcel y por juicio fue quitado; y su generación, ¿quién la contará? Porque fue cortado de la tierra de los vivientes, y por la rebelión de mi pueblo fue herido.

Y se dispuso con los impíos su sepultura, mas con los ricos fue en su muerte; aunque nunca hizo maldad, ni hubo engaño en su boca.

Con todo eso, Jehová quiso quebrantarlo, sujetándole a padecimiento. Cuando haya puesto su vida en expiación por el pecado, verá linaje, vivirá por largos días, y la voluntad de Jehová será en su mano prosperada.

Verá el fruto de la aflicción de su alma, y quedará satisfecho; por su conocimiento justificará mi siervo justo a muchos, y llevará las iniquidades de ellos.

Por tanto, yo le daré parte con los grandes, y con los fuertes repartirá despojos; por cuanto derramó su vida hasta la muerte, y fue contado con los pecadores, habiendo él llevado el pecado de muchos, y orado por los transgresores.»

—ISAÍAS 53:1-12

MI SIERVO TENDRÁ ÉXITO

El cuarto cántico describe a un siervo de Dios paciente y humillado, sufriente y glorificado. No incluye temas nuevos en torno al Siervo, aunque el texto presenta detalles del sufrimiento que en los cánticos anteriores sólo se habían insinuado. Las consecuencias universales de la misión del Siervo, luego de su aparente fracaso, junto con su firme decisión de enfrentar el dolor y el sufrimiento con valentía y autoridad, ya se incluyen en los cánticos previos. El entorno emocional que trasmite el poema revela urgencia y pasión; evoca el tema de la justicia divina; y pone de manifiesto el valor y la autoridad moral del Siervo.

Al mismo tiempo que el cuarto cántico continúa los temas del Siervo de sus antecesores, se descubre en su contenido continuidad con la sección previa de la obra isaiana (Is 49—52). En estos capítulos se presenta prioritariamente el tema de la relación de

Israel con Dios y se afirma la insistencia divina de restaurar a su pueblo. El Señor ha hablado a Israel del poder de su brazo y de su mano para lograr su objetivo transformador, restaurador y liberador (Is 50:2; 51:5, 9; 52:10) si el pueblo se decide a escucharlo, creerle y obedecerle (Is 51:9—52:10).

La estructura y el contenido del poema, a la vez, revelan sencillez y complejidad. Se funde en el cántico la riqueza literaria y estilística con la creatividad teológica y temática. Dios mismo es quien habla y presenta la introducción al poema (Is 52:13-15) y parte del epílogo (Is 53:11-12), que enmarca la descripción que hace un grupo de personas de los sufrimientos y la glorificación del Siervo (Is 53:1-9), de quien anteriormente ya se había hablado en varios poemas anteriores (Is 42:1-4; 49:1-6; 50:4-9). El cántico se compone de cinco estrofas de tres versos que están cuidadosamente articuladas (Is 52:12-15; 53:1-3,4-6,7-9,10-12). La idea central del poema se presenta en dos contrastes: la exaltación del Siervo, en contraposición a su humillación y sufrimiento; junto a lo que el pueblo pensaba del Siervo en relación con lo que realmente era y presentaba.

Junto a la belleza literaria y teológica, el cántico presenta varios desafíos interpretativos. Entre los problemas exegéticos extraordinarios que manifiesta el texto se incluyen los siguientes: el uso continuo de diferentes pronombres personales, la identidad precisa de quien habla, las formas alternadas de los usos del plural y el singular, la utilización de palabras de significado dudoso, a qué hecho histórico específico se refieren los eventos descritos y, sobre todo, la identidad del Siervo que sufre humillación y violencia en el poema. Debemos añadir a estos desafíos interpretativos el uso extenso que la iglesia cristiana ha brindado al poema al relacionarlo con la vida, el ministerio y la muerte de Jesús de Nazaret.

El corazón del asunto descrito en el cántico es que un hombre inocente y humilde debe sufrir por las maldades, los delitos y los pecados de personas culpables y rebeldes; posteriormente el individuo humillado triunfa de forma extraordinaria, pues recibe el honor y la vida para disfrutar su victoria aun después de haber muerto. En efecto, el cántico describe en categorías poéticas lo inaudito e inimaginable: ¡La victoria del Siervo sobre la muerte!

El cántico puede dividirse en dos secciones principales: la primera está articulada en dos grupos de versículos, al principio y al final del poema, que es una especie de paréntesis temático y literario e incluye las palabras divinas (Is 52:13-15 y 53:10-12); en la segunda parte se incluye el corazón del poema y se describen los eventos sustanciales relacionados con los sufrimientos y triunfos del Siervo (Is 53:1-9). Ambas secciones hablan del Siervo en tercera persona; el paréntesis literario se presenta en forma de anuncio; y la descripción de los padecimientos del Siervo se articula a manera de informe. Lo que une temáticamente las dos secciones del poema es que ambas presentan la humillación y exaltación del Siervo.

Este extraordinario poema del Siervo evoca en el lector un aluvión de ideas teológicas, estimula varias posibilidades de interpretación, provoca diversas alternativas de comprensión, inspira la creatividad y fomenta la reflexión misionera seria y profunda. Los temas que se incluyen en este cántico pueden relacionarse con algunas referencias previas en el libro de Isaías; por ejemplo, las ideas que se incluyen en Is 52:13 y 15 implican el cumplimiento de las promesas hechas en Is 49:7, y la afirmación de Is 53:1

recuerda el contentamiento de lo mensajeros que se acercan en Is 52:7, que fueron, a su vez, comisionados en Is 40:9. La versatilidad poética del cántico refleja también las diversas alternativas de interpretación de las imágenes del Siervo que se incluyen en el libro del famoso profeta.

La forma literaria del cántico revela ciertas afinidades con algunos salmos de acción de gracias (p.ej., Sal 30; 54) en los cuales la persona que adora brinda gracias a Dios por haberlo salvado y librado de alguna calamidad personal o nacional. Sin embargo, literariamente el autor del cántico utilizó el género, las estructuras y los temas de los salmos de acción de gracias con gran libertad, le añadió su perspectiva personal y subrayó su finalidad teológica. El cántico afirma de forma categórica que los episodios descritos en la vida del Siervo son parte del plan providencial de Dios no sólo para Israel sino para la humanidad.

El significado del poema es elusivo; su interpretación es compleja. Por un lado, el autor utiliza con destreza y creatividad los antiguos salmos de acción de gracias; y por el otro, presenta su mensaje en el contexto del resto de los asuntos y temas planteados en la segunda sección del libro de Isaías (Is 40—55). El cántico indica claramente que el Siervo será prosperado y triunfará, pero esta victoria lo llevará por los caminos del sufrimiento, por los senderos de la muerte. Su humillación extrema y sufrimiento agónico por las maldades y los crímenes de los pecadores harán que su semblante sea desfigurado y su apariencia desagradable. Los reyes y las naciones se asombrarán no sólo al verlo sino al percatarse de la naturaleza de su misión: ¡su sufrimiento provocará su mayor beneficio! Enfrentó las dificultades con valentía y dignidad, sin temores y en silencio. Finalmente, su muerte no detuvo su programa restaurador. La misión del Siervo triunfará sobre el rechazo, el sufrimiento y la muerte.

SERÁ PUESTO EN ALTO Y ENGRANDECIDO

52:13. La sección inicial del poema (Is 52:13-15) presenta el triunfo de la misión del Siervo que le traerá reconocimiento general y aprecio público, pues será «engrandecido y exaltado, y será puesto muy en alto». Se articula al inicio del poema un tipo de prefacio que anticipa los temas y experiencias que se incluirán posteriormente en la narración. Aunque el lenguaje es de victoria definitiva, el reconocimiento y la exaltación se lograrán mediante el sacrificio, el sufrimiento y la humillación.

En efecto, la persona descrita en esta introducción al cántico continúa los temas que se presentaron en los tres poemas previos del Siervo. Con la expresión «He aquí mi Siervo», que es similar a la que se incluye en Is 42:1, se inicia una nueva sección en el libro de Isaías. Posiblemente el inicio de la misión del Siervo se presenta en Is 42:1- 4, y en Is 52:13—53:12 se incluye su culminación. La palabra hebrea traducida aquí como «he aquí» es un recurso literario y estilístico que llama la atención sobre lo que se presentará a continuación: el Siervo enfrentará con seguridad, autoridad y firmeza una serie de humillaciones que lo llevarán primero a la muerte y posteriormente a su exaltación extraordinaria.

El cántico se inicia con una afirmación de triunfo definitivo y absoluto: El Siervo prosperará, será exitoso y cumplirá sus metas; en efecto, será «engrandecido y exaltado, y será puesto muy en alto». Se ubica de esta forma la misión del Siervo en su contexto misionero adecuado: las dificultades y los sufrimientos no podrán detener su obra extraordinaria de restauración. La frase traducida aquí como «será prosperado» trasmite la idea de lograr su objetivo, aunque incluye también los elementos semánticos de «sabiduría» y «prosperidad». Posiblemente indique un tipo de actuación sabia y prudente que le permite al Siervo alcanzar las metas propuestas. El sentido básico del texto es que el Siervo sabrá cómo actuar para cumplir lo que le fue encomendado y las responsabilidades que el Señor le dio.

52:14-15. La idea fundamental que se trasmite en estos versículos está bastante clara: La gente se asombrará de la misión y de la acción del Siervo; incluso las naciones y los reyes quedarán admirados y atónitos al ver algo nunca antes descrito, imaginado, inaudito e inenarrable. El tema fundamental es que los sufrimientos liberadores del Siervo trastocan todas las dimensiones de su vida: física, espiritual y emocional. Se afirma que el Siervo, aunque en su apariencia «desfigurado», era la revelación de Dios para transformar a la humanidad.

El texto presenta varias dificultades de comprensión e interpretación: el lenguaje figurado del poema es complejo; las imágenes literarias no están completamente claras, y se descubren en el pasaje por lo menos dos posibilidades de interpretación y traducción. Las dificultades aumentan al analizar la palabra hebrea traducida aquí en castellano por «asombrará», que puede referirse literalmente a un acto de «aspersión» como referencia a alguna purificación o ceremonia religiosa de limpieza ritual, que en este contexto no comunica un sentido claro y preciso.

La cláusula «de tal manera... hijos de los hombres» puede relacionarse en términos temáticos y estructurales con la siguiente estrofa de Is 53:2-3 más que con el presente contexto. En la ubicación actual es posible su traducción únicamente si se toma como un paréntesis que describe con asombro la figura física del Siervo.

53:1. Este versículo continúa el tema anterior (Is 52:13-15). Las naciones se asombrarán, y el profeta pregunta de forma retórica: «¿Quién ha creído a nuestro anuncio?», que es otra manera de decir: «¡Lo que ha sucedido es increíble!» Y añade: «¿Y sobre quién se ha manifestado el brazo de Jehová?» (Is 52:10). Los pueblos y sus monarcas no pueden creer que un libertador deba sufrir tanta humillación para contribuir a la redención de la humanidad. El asombro los embarga, la incredulidad los desafía, la admiración los inquieta.

La complejidad mayor al estudiar este versículo es la identificación precisa de los hablantes. ¿A quiénes se refiere la tercera persona plural del relato? ¿Quiénes son los «nosotros» del texto y sus interrogantes?

Referente a la comprensión de este «nosotros» se han propuesto, por lo menos, tres posibilidades de interpretación. La primera identifica el «nosotros» con las naciones a las cuales se alude en los versículos anteriores (Is 52:13-15); la segunda posibilidad es su identificación con el pueblo de Israel, a través de su profeta; y, finalmente, puede ser una alusión a la comunidad de los profetas.

La tercera posibilidad se debe descartar con premura pues, aunque estos versículos podrían tener algún contexto para esa comunidad, ya en los próximos versículos (Is 53:3-6) se hace incomprensible esa identificación. Las otras posibilidades de interpretación se relacionan con la identidad del Siervo. Si el Siervo es Israel, entonces, el «nosotros» se refiere a las naciones que ven el sufrimiento del pueblo de Israel. Si el Siervo no es Israel, entonces, el «nosotros» alude al Israel que no reconoció «el brazo del

Señor». Aquí tenemos una posible referencia del profeta hablando en representación del pueblo.

La referencia al «brazo del Señor» relaciona el poema con el contexto más amplio del libro de Isaías, particularmente con el texto inmediatamente anterior (Is 52:1-11). El Señor ha prometido restaurar a Israel y reconciliar a las naciones a través de su brazo poderoso (Is 40:10; 48:14; 51:5; 52:10). El mensaje del poema es claro y directo: Dios se ha propuesto liberar a su pueblo del cautiverio político y de la alienación religiosa para convertirlos en verdaderos siervos de la humanidad. Este tema también se manifiesta con vigor y de forma extraordinaria en los capítulos previos al cuarto cántico del Siervo (Is 49—52).

53:2-3. En estos versículos se plantea una de las complejidades básicas en la interpretación y comprensión de todo este cántico: Qué criterios literarios y teológicos debemos utilizar para determinar si las frases e imágenes incorporadas en el poema deben ser entendidas de forma figurada o literal. En todo caso, estos versículos deben de ser estudiados en conjunto, pues forman una estrofa con el versículo 1; temáticamente se relacionan, además, con las referencias al Siervo que se incluyen como un paréntesis en Is 52:14. Aquí se expande la referencia a la apariencia del Siervo que se revela en Is 52:14. El poeta se sorprende del Siervo que está desfigurado e inclusive indica que ¡no tiene aspecto humano! Destaca el texto de esta manera que el Siervo no tenía una apariencia hermosa ni una presencia agradable que pudiera atraer seguidores o ganar adeptos. Por el contrario, el Siervo, que tenía una misión universal de liberación, no poseía las características físicas de una persona atrayente: no tenía belleza física, y las personas al verlo «escondían de él sus rostros» o «se tapaban la cara».

El Siervo no atraía con su presencia; provocaba reacciones adversas y era evitado por su comunidad.

Las imágenes agrarias utilizadas revelan la amplitud literaria del poeta y afirman su extraordinaria capacidad de comunicación. El Siervo es un «renuevo» y una «raíz» que la tierra apenas puede alimentar; es un ser humano de aspecto desagradable a quien la comunidad desprecia. Se incluye de esta forma una especie de descripción de su peregrinar histórico: el Siervo nace y crece en un ambiente hostil, adverso y desfavorable; su propio pueblo lo rechaza. La expresión «delante de él» es una posible alusión a que el Siervo estaba «delante de la presencia del Señor»; es decir, Dios era consciente de sus penurias y dificultades.

Tradicionalmente los salmos de lamentación identifican un problema específico y particular al cual aluden en el poema o en la alabanza (Sal 38:1; 69:27; Job 33:19). El caso específico del cuarto cántico del Siervo, aunque revela similitudes con ese tipo de literatura poética, manifiesta características claramente diferentes: se presenta su vida completa; se indica que mientras crecía sintió el golpe rudo del rechazo; vivió la experiencia amarga de la marginación; y, en efecto, fue continuamente despreciado, evitado y subestimado. Las adversidades de la vida le enseñaron cómo ser un «varón de dolores, experimentado en quebranto», que equivale a decir que las complejidades existenciales que rodearon su desarrollo físico y emocional lo hicieron una persona curtida en sufrimientos y experta en manejar situaciones de dolor extremo. El Siervo era ciertamente un profesional del conflicto.

53:4-6. Esta estrofa continúa el tema del sufrimiento del Siervo. Sin embargo, añade un elemento teológico fundamental: el origen de sus sufrimientos y humillaciones no fue su pecado ni su maldad, sino que se enfrentó a la vida cruel y al trato despiadado a causa de los pecados de la humanidad. Se revela en esta estrofa el corazón del mensaje del Siervo: para la restauración de Israel y la santificación de las naciones, el Siervo debía sufrir en sustitución de la humanidad. De acuerdo con el texto bíblico, el Siervo del Señor soportó nuestros sufrimientos y cargó con nuestros dolores; fue traspasado por nuestras rebeliones y triturado por nuestros crímenes; además, soportó el castigo que merecíamos. ¡Dios mismo cargó sobre el Siervo todos nuestros delitos!

Esa es la razón básica por la cual los pueblos se admiran v los reyes quedan atónitos y sin palabras (Is 52:15): por el sufrimiento vicario del Siervo. Se presenta en estos versículos de forma clara la necesidad del padecimiento sustituto del Siervo para la redención de su pueblo y de las naciones.

El Siervo sufre en sustitución de los pecados de la humanidad, no como resultado de las acciones humanas: ya el pueblo de Israel había sufrido las penurias del exilio en Babilonia y las naciones habían experimentado sus crisis políticas y sociales. El Siervo se presenta en el poema con una actitud de solidaridad, de compromiso y de encarnación.

Este cántico es la culminación del tema de salvación que comienza a presentarse en la obra isaiana en los capítulos 49—52, y que posteriormente continuará en 54—55. El Siervo se identifica con «el brazo del Señor» que lleva a cabo la liberación del pueblo, que ciertamente tenía aspectos físicos, políticos, económicos y sociales, como también importancia religiosa y espiritual.

El poema revela gran maestría del lenguaje. La repetición de palabras e ideas y el juego entre «él» y «nosotros» son temáticamente fundamentales y estilísticamente extraordinarios. La debilidad, enfermedad y apariencia desagradable que manifiesta el Siervo del Señor expresan en verdad la enfermedad humana y el problema real del pueblo, según el texto bíblico. Las razones que generan el rechazo son las mismas que deberían hacer que lo apreciaran y recibieran: su capacidad de sufrir por la humanidad.

Este tema del sufrimiento sustitutivo es extraño para el mundo antiguo. En el Mediano Oriente se pensaba, como se revela claramente en el libro de Job, que los sufrimientos estaban relacionados con los pecados de las personas. La gente sufría a causa de sus pecados, aunque fueran ocultos y disimulados. El cántico revela una nueva dinámica: el Siervo sufre dolores, humillaciones y padecimientos en sustitución de los pecadores verdaderos: Israel y las naciones. Ese concepto de sufrimiento vicario es novel en la constelación teológica antigua. Este poema revela un nivel extraordinario en el desarrollo del pensamiento religioso y en la afirmación de la teología contextual.

La palabra hebrea «azotado» en nuestras traducciones se relaciona en ocasiones con la lepra en la Biblia (Lv 13:3,9,20; 2 R 15:5). Posiblemente fundamentado en esa comprensión del término, el Talmud babilónico describe al Mesías como leproso; sin embargo, en otros contextos la palabra también puede utilizarse y referirse a alguna enfermedad o calamidad que adviene repentinamente a cualquier persona (Gn 12:17; 1 S 6:9). Con esa expresión, el poema desea afirmar la naturaleza y gravedad de la condición y humillación del Siervo. Describe de forma gráfica y simbólica la naturaleza y extensión de los pecados que el Siervo debía sustituir.

En el versículo 5 las imágenes cambian del entorno de la enfermedad al contexto de las torturas físicas: el Siervo fue «herido», «molido» y «castigado»; su cuerpo muestra las cicatrices del sufrimiento. Estas expresiones revelan la naturaleza de las humillaciones y aluden claramente a la violencia física que sufrió el Siervo, pues los términos se pueden relacionar con experiencias de muertes violentas (Is 22:2; 51:9; 66:16: Sal 69:27). Las imágenes revelan la seriedad del caso del Siervo: Dios lo sometió a tortura para restaurar a su pueblo y redimir a las naciones. Y las «cicatrices» del Siervo son muestras indubitables de la sanidad de la humanidad, pues él recibió en su cuerpo los azotes, los dolores y los sufrimientos que correspondían a Israel y a las naciones.

El tema del sufrimiento vicario continúa en el versículo 6, en el cual se afirma categóricamente que Dios cargó sobre el Siervo «todos nuestros pecados». La imagen es pastoril: como las ovejas se desorientan y vagan errabundas, Israel y las naciones caminaron sin sentido de dirección hacia consecuencias nefastas y adversas. Únicamente la intervención de un buen pastor es capaz de reorientar a las ovejas y llevarlas sanas al redil; y así el Señor, mediante los sacrificios y humillaciones del Siervo, logrará su propósito restaurador con la humanidad.

53:7-9. La cuarta estrofa del poema continúa el tema del martirio y sufrimiento del Siervo, y desarrolla aún más las imágenes de las ovejas que se introducen en el versículo anterior. El cántico destaca su capacidad de asimilación y su clara decisión de recibir las humillaciones de forma voluntaria. Se subraya del Siervo el contraste entre su inocencia y la culpabilidad del pueblo y también se presenta la injusticia de la que fue objeto.

Utilizando las imágenes pastoriles, el poema indica que el Siervo no respondía ante las injurias y los sufrimientos a los que era sometido; y con humildad y valentía aceptó su suerte. El texto incluye también varios símbolos e imágenes de muerte física y real: p.ej.: «cordero... al matadero» y «oveja... delante de sus trasquiladores». Se afirma, además, que el Siervo no contó con un sistema adecuado de justicia que lo apoyara, que como consecuencia lo llevó a la muerte. En la estrofa anterior se presentan sus sufrimientos relacionados con alguna enfermedad (Is 53:4-6); en ésta se incluye el martirio a manos de personas injustas.

También esta estrofa incluye el tema del sufrimiento vicario o sustituto. El Siervo es herido por los pecados de «mi pueblo» Israel (Is 53:8); es asesinado, aunque no había cometido crímenes ni era un engañador. El Siervo se sometió a un sistema humano injusto no por sus propios delitos sino en un acto de auto humillación que conllevaba a ser enterrado entre «malhechores».

Sin embargo, el Siervo no se veía a sí mismo como una víctima más de las injusticias de la vida. Posiblemente entendía su misión a la luz de la voluntad divina que lo impelía a enfrentar el sufrimiento y el martirio con sentido de misión (Is 53:10). Y como su humillación era parte del propósito de Dios para la humanidad, se acercaba al dolor y a la muerte con confianza y mucha seguridad. Estaba seguro de que el sufrimiento por el pueblo traería consecuencias positivas para la humanidad (Is 52:15).

La línea inicial de la estrofa brinda el entorno sicológico y físico de la vida del Siervo: «era maltratado» u oprimido, a la vez que se humillaba y guardaba silencio. La imagen literaria de la opresión recuerda la violencia del sufrimiento de los israelitas en Egipto; revela la seriedad del trato y la agresión contra el Siervo (p.ej.: Éx 3:7; Is 3:5); también afirma su capacidad de resistencia: «no abrió su boca», expresión que se repite para enfatizar su actitud. El Siervo no luchó contra su suerte; por el contrario, la enfrentó con autoridad.

La comprensión adecuada del versículo 8 es complicada: «Sin defensa y sin juicio se lo llevaron». Aunque hay varias alternativas de traducción, la idea es que el Siervo fue sometido a un proceso injusto de principio a fin; y como resultado de esas dinámicas legales fue sometido al martirio y a la muerte. La referencia y la pregunta retórica sobre «su generación» parecen aludir al hecho que el Siervo iba a morir sin dejar descendencia, en una cultura en la cual la familia y el linaje jugaban un papel importante. Y la traducción de «más con los ricos fue en su muerte» revela una característica estilística de la poesía hebrea. El paralelismo de las ideas en el versículo es antitético; el pensamiento de una línea se desarrolla y contrapone en la próxima: la sepultura del Siervo fue con los «malvados», y su muerte, con «los ricos».

53:10-12. La estrofa final del poema, que se relaciona temática y estructuralmente con la primera (Is 52:12-15), articula el informe de liberación y triunfo del Siervo. Una vez que se describen los sufrimientos y dolores causados por alguna enfermedad, y se presentan las humillaciones y vejaciones a las que el Siervo fue expuesto y sometido por causa de su compromiso con la voluntad de Dios, el cántico finaliza con el mensaje de restauración, victoria y esperanza. Aunque el Señor lo quebrantó y lo movió a poner su vida en «expiación» por el pecado de la humanidad, esos actos no constituyen la palabra final de Dios para su vida. Como en los salmos de acción de gracias, el cántico, luego de contar su desgracia, finaliza con su experiencia de triunfo y liberación (Sal 31:22-24). La desgracia absoluta del Siervo trae su victoria extraordinaria y definitiva.

De pronto, y como consecuencia inmediata de sus sufrimientos y de su muerte, la voluntad divina será prosperada y el Siervo verá el resultado de su compromiso y sacrificio; además, quedará satisfecho de su labor. Su misión por «los pecadores» lo moverá a tener parte con la gente prominente y poderosa. El criterio de triunfo fue su capacidad y decisión de «derramar su vida hasta la muerte», que es una forma poética de decir que estuvo dispuesto al sacrificio último para lograr el propósito de su vida: hacer la voluntad de Dios.

En esta sección final del cántico se responden algunas preguntas que evocan las estrofas anteriores. ¿Cuál es el significado real del sufrimiento y de la muerte de una persona inocente? ¿Qué implicancias misioneras tienen la actitud de sumisión y el modelo de sufrimiento que presenta el Siervo? ¿Cuáles son las implicancias teológicas de la vida y obra del Siervo?

El objetivo del cántico no es presentar la historia trágica de una persona bien intencionada que sufrió los embates de la vida. El poema no es la descripción de un individuo sin autoestima ni carácter. El sufrimiento y la humillación que se describen no son factores secundarios en la vida del Siervo. Por el contrario, la existencia misma del Siervo estaba directamente relacionada y orientada hacia esas humillaciones y martirio, que posteriormente lo llevarían al triunfo y al reconocimiento público de naciones y reyes.

Dios mismo «quiso quebrantarlo»; es decir, la voluntad divina fue llevar al Siervo al martirio y a la muerte. Esa actitud y decisión del Señor, sin embargo, no deben interpretarse como niveles insospechados de sadismo ni revelan actos indecibles de injusticia divina. En realidad, la voluntad del Señor pone de manifiesto el bien de proporciones extraordinarias que traerían a la humanidad los hechos heroicos del Siervo, quien no enfrenta la muerte como resultado de sus pecados; llega al martirio como ofrenda de sacrificio en sustitución de la humanidad, en un acto de expiación.

Una vez que el sacrificio se lleva a cabo y es aceptado el Siervo será colmado de bendiciones: verá su descendencia (Sal 121:3-5; 128:6), vivirá por largos días (Sal 21:5; 34:13) y en su vida «todo lo que hace prosperará» (Sal 1:3), que son formas hebreas que aluden a la bendición, a la felicidad y a la prosperidad. La frase «verá el fruto de la aflicción de su alma» recoge la idea de notar y disfrutar del resultado de su gestión y labor expiatoria; afirma que la vida del Siervo no fue en vano y revela que su gestión no fue inútil.

«Quedará satisfecho» pone de relieve la alegría por cumplir exitosamente su misión; presenta su contentamiento al percatarse de las consecuencias liberadoras de sus actos. La misión del Siervo, a quien se denomina «el justo» por su firme compromiso con la justicia y la voluntad de Dios, es llevar «las iniquidades» de muchas personas. En un acto extraordinario de solidaridad y compromiso con la gente, el Siervo, al tomar los pecados de «muchos», declarará a estas personas justas y libres de culpa.

La porción final del poema proclama la restauración definitiva del Siervo del Señor; describe el triunfo de su aparente fracaso. Sus acciones en beneficio de «muchos», es decir, de la humanidad, le permite disfrutar de los resultados del triunfo: tener «parte con los grandes» y «repartir despojos con los fuertes». Estas expresiones aluden al bienestar físico de las personas que triunfan y son exitosas en la vida. El Siervo, luego de los padecimientos y conflictos relacionados con su misión, y después de encarar la muerte, surgirá triunfante porque «fue contado con los pecadores» y decidió responder a las realidades y necesidades de su comunidad: «llevar el pecado» y «orado» por los pecadores.

Las expresiones e imágenes finales del cántico aluden a la capacidad que tenía el Siervo de entender y responder a las necesidades de su pueblo y de las naciones. Demuestran su decisión de encarnar los dolores de la humanidad y hacer suyas las penurias del mundo. La victoria del Siervo se fundamenta en su decisión de tomar el pecado que no había cometido y llegar hasta la muerte sin merecerla para lograr su objetivo misionero: sustituir a los que merecían el castigo y el juicio divino. El sufrimiento vicario del Siervo es el corazón del mensaje del cántico.

Un tema que aún la exégesis del cántico no ha descifrado con claridad y precisión es la identidad original del Siervo. ¿A quién tenía en mente el autor del poema al desarrollar las imágenes del Siervo y articular en el cántico el tema del sufrimiento expiatorio?

El autor del cántico presenta el vía crucis de un profeta que enfrenta el martirio y la muerte en sustitución y en beneficio de Israel y de las naciones. La figura del Siervo se puede relacionar con varios personajes bíblicos, entre los que podemos identificar a Moisés, que dirigió y llevó al pueblo al umbral de la Tierra Prometida. Desde la perspectiva real, el Siervo recuerda la vida y obra de Josías o la de Jeconías. Entre los profetas, la misión del Siervo es similar a la de Jeremías, que vivió experiencias y desafíos similares en el exilio babilónico. En el Nuevo Testamento, Felipe le anunció el evangelio de Jesús al etíope eunuco utilizando este cántico como base escritural y fundamento teológico (Hch 8:34-40).

¿QUIÉN HA CREÍDO A NUESTRO ANUNCIO?

El estudio y la interpretación de este cántico desafían a la más creadora de las mentes. Por un lado, el lenguaje poético del texto evoca más de una interpretación teológica y motiva una pluralidad de experiencias hermenéuticas. Por el otro, varias dificultades en el texto hebreo añaden complejidad a la comprensión del cántico. Además, el tema de la identidad precisa del Siervo y la indeterminación del entorno histórico del poema mantienen a la persona estudiosa sobre aviso constante. Sin embargo, el texto sugiere algunas ideas y pistas importantes para la exploración teológica, contextual y homilética. La lectura cuidadosa y pastoral del cuarto cántico del Siervo del Señor puede generar varias ideas que contribuyen a la contextualización de su mensaje para la sociedad actual.

El Siervo fue prosperado cuando cumplió su misión. La prosperidad del Siervo se manifiesta como un parámetro del compromiso con la voluntad divina, no como un deseo de superación individual y éxito personal. El triunfo del Siervo se fundamenta en su decisión de obedecer la voluntad divina, y de enfrentar el sufrimiento y la humillación con autoridad y valentía. En este sentido, el Siervo se solidarizó públicamente con su pueblo, que era a quien le correspondía ese trato de hostilidad y violencia.

El compromiso del Siervo con la transformación de la humanidad fue tal que en obediencia a la revelación divina sustituyó a Israel y a las naciones en los castigos y humillaciones que les correspondían. Su triunfo consistió en su sufrimiento; su victoria se fundamenta en sus dolores; su exaltación se sostiene por su humillación. El Siervo llegó a la victoria y a la prosperidad no por el carril del egoísmo ni por el sendero del deseo de tener más, sino mediante su sentido de obediencia y su compromiso con su comunidad.

La respuesta del pueblo a las acciones del Siervo fue de asombro. No podían creer que alguien aceptara el martirio inmerecido e injusto sin protestar o rechazar su suerte. Por las enfermedades y el castigo, su aspecto físico no era agradable. Sin embargo, los líderes y los pueblos se admiraron de su labor. La autoridad moral del Siervo pudo más que su apariencia. Su carácter habló más elocuentemente que su semblante. Debido a sus valores espirituales y a sus principios éticos se ganó la admiración de la comunidad, pues el poema destaca una de las características de la gente de bien en la vida: el respeto y el reconocimiento se ganan al vivir de acuerdo con la justicia, la honestidad y la misión.

Esta enseñanza del Siervo es fundamental para la sociedad contemporánea que ha relegado la honestidad a un plano secundario y relativo al glorificar la corrupción. El Siervo modeló un principio que debe permear todos los niveles sociales, eclesiásticos, políticos y profesionales de las sociedades modernas y postmodernas: los valores que llevan a los individuos y a los pueblos a la autorrealización y al desarrollo son la honestidad, el trabajo, el perdón, la misericordia, el amor, la paz y el respeto a la dignidad humana y el ambiente.

El Siervo era «experimentado en quebrantos»; es decir, tenía la capacidad de manejar las dificultades y los dolores con autoridad y sentido de superación. La adversidad era el ambiente del Siervo, pues estaba acostumbrado a enfrentar los conflictos con valor. Los vejámenes y las injurias injustas no eran motivo para la desesperación ni provocaban en él complejos de inferioridad ni actitudes de impotencia o de baja autoestima. El Siervo enfrentaba las humillaciones como todo un experto; se allegaba al martirio como un profesional; y enfrentó la muerte sin temores ni inhibiciones.

¡Poseía el don de la vida! Ante la crisis no se amilanó ni huyó frente a la persecución. El Siervo del Señor es el buen modelo de aquellos que no actúan en la vida dejándose influenciar por temores, ansiedades o miedos. Representa a las personas que enfrentan la existencia humana con seguridad y se sobreponen a las derrotas.

Sin embargo, el Siervo experimentó todas esas calamidades por voluntad divina. El Señor mismo estaba interesado en exponerlo a esa serie intensa de adversidades y problemas. El caso del Siervo es el del justo que sufre; de la persona piadosa que padece necesidad. Este cántico nos confronta con el desafiante tema de la teodicea: ¿Por qué sufren los justos?

El Siervo no sufre por sus pecados ni pasa por enfermedades, persecuciones, castigos y tribulaciones descritas en el cántico por alguna falta personal. De acuerdo con el texto bíblico, es la voluntad del Señor que el Siervo padezca todos esos sufrimientos para expiar los pecados de la gente culpable. El Siervo es inocente, pero acepta voluntariamente y con sumisión el castigo que les correspondía a Israel y a las naciones, pues estaba comprometido con su pueblo. El Siervo llega al dolor por dos razones fundamentales: por su obediencia a Dios y por su compromiso con el pueblo. La fuerza que llevó al Siervo a enfrentarse a la muerte cara a cara fue la aceptación de la revelación divina y su amor por la sociedad. Los dos valores básicos de la personalidad del Siervo que pueden contribuir al desarrollo de la gente de bien en la actualidad son la obediencia al Señor y el compromiso con la humanidad, que representan un componente divino y otro humano.

Ese compromiso serio con la humanidad llevó al Siervo a la muerte. Sin embargo, la muerte no fue la última palabra en torno a él. Aun después de su martirio y defunción, el Siervo tuvo la capacidad de ver su descendencia y disfrutar su prosperidad.

El mensaje del Siervo a través de su ejemplo es que ni aun la muerte puede detener a las personas que tienen la capacidad y el deseo de obedecer a Dios. La tumba no puede detener a las personas que tienen principios y valores éticos; que ponen el bienestar común y el desarrollo de su comunidad antes que los beneficios personales e individuales. El Siervo es un magnífico modelo de aquellos que no se detienen ante la persecución ni aun ante la tortura, pues fundamentan su vida en principios que no cambian de acuerdo con las modas pasajeras ni estilos del momento.

La gran pregunta que se mantiene vigente al leer este cántico del Siervo es: ¿Quién puede creer que existan personas como el Siervo del Señor? ¿Qué se necesita para desarrollar modelos educativos que generen personas capaces de sacrificarse personalmente por las virtudes comunitarias? ¿Cómo se crea un currículo que incentive la obediencia a la voluntad de Dios y le dé prioridad a las necesidades de la gente?

Posiblemente la respuesta al interrogante está en el modelo que le brindó a la humanidad la vida y la obra de Jesús de Nazaret. En Jesús los creyentes tienen un magnífico ejemplo de obediencia y compromiso. Por un lado, cumplió la voluntad de Dios hasta el punto de sacrificarse: ofreció su propia vida; por el otro, la existencia misma de Jesús fue un modelo de solidaridad, pues su motivación básica para llegar a la cruz fue la salvación de la humanidad.

La vida de Jesús revela, en efecto, los dos principios rectores de aquellos que triunfan, pues superan el temor y enfrentan las dificultades con autoridad y valor: obediencia al Señor y compromiso con la humanidad. La incorporación de esos principios en los programas educativos genera carácter, propicia personas maduras y seguras de ellas mismas; además, incentiva la capacidad de autosuperación, y también fomenta la identificación y el aprecio por los principios decisivos cónsonos con las prioridades morales y éticas que demuestran respeto por la vida y por la creación de Dios.

CAPÍTULO 7

EL ESPÍRITU DEL SEÑOR ESTÁ SOBRE MÍ

> *«El Espíritu de Jehová el Señor está sobre mí, porque me ungió Jehová; me ha enviado a predicar buenas nuevas a los abatidos, a vendar a los quebrantados de corazón, a publicar libertad a los cautivos, y a los presos apertura de la cárcel;*
>
> *a proclamar el año de la buena voluntad de Jehová, y el día de venganza del Dios nuestro; a consolar a todos los enlutados;*
>
> *a ordenar que a los afligidos de Sion se les dé gloria en lugar de ceniza, óleo de gozo en lugar de luto, manto de alegría en lugar del espíritu angustiado; y serán llamados árboles de justicia, plantío de Jehová, para gloria suya.*
>
> *Reedificarán las ruinas antiguas, y levantarán los asolamientos primeros, y restaurarán las ciudades arruinadas, los escombros de muchas generaciones.»*
>
> —ISAÍAS 61:1-4

EL SEÑOR ME HA UNGIDO

Este poema, aunque tradicionalmente no se incluye en los estudios de los cánticos del Siervo del Señor, debe estudiarse en este contexto teológico y misionero por varias razones. El idioma utilizado, las ideas expuestas y la misión del Ungido del Señor en este texto lo relacionan directamente con el resto de la literatura isaiana, particularmente con los cánticos del Siervo en la segunda sección del libro del profeta Isaías (Is 40—55). El Ungido del poema indica que ha recibido el Espíritu del Señor como el Siervo (Is 42:1) y ha sido comisionado para traer un mensaje de esperanza, liberación y restauración a su pueblo (Is 49:6). Además, este es el pasaje bíblico leído por Jesús en la sinagoga de Nazaret, cuando, de acuerdo con el Evangelio de Lucas (Lc 4:18-19), el Señor relacionó su vida y ministerio con el cumplimiento de este singular mensaje profético. El poema del Ungido lee e interpreta la misión del Siervo a la luz de su contexto histórico particular y, según el Evangelio de Lucas, Jesús tomó el pasaje del Ungido y lo aplicó a su ministerio y a su entorno histórico, político, social y espiritual específico.

Los capítulos 60—62 de Isaías incluyen el mensaje de salvación de Dios a su pueblo y aluden al carácter del pueblo y a sus reacciones al recibir el favor divino y experimentar la liberación que el Señor les ha procurado. La sección, que se escribe en un tono redentor, comienza con un magnífico llamado a Sión a levantarse y resplandecer (Is 60:1). Incluye el famoso poema del Ungido del Señor (Is 61:1-3a) y finaliza con la extraordinaria afirmación de que Israel será llamado: «Pueblo Santo, Redimidos de Jehová y Ciudad Deseada» (Is 62:12). De particular importancia en esta sección son las promesas en torno a Sión y las naciones.

El capítulo 61 se compone de cinco discursos breves, de dos o tres versículos cada uno. El primer discurso (Is 61:1-3*a*) presenta al Ungido como la persona que proclama el «año agradable del Señor»; en el segundo discurso (Is 61:3*b*-5) el mensaje afirma el programa de restauración y transformación de Jerusalén; el tercer discurso (Is 61:6-7) celebra el ministerio sacerdotal; el Señor se identifica y revela como amante de la justicia en el cuarto discurso (Is 61:8-9); y en el quinto y último (Is 61:10-11) se incluye un himno de alabanza y gratitud al Señor por la salvación y la justicia que se ha implantado delante de todas las naciones.

Al analizar el poema de 61:1-3*a* en relación con los mensajes que se incluyen en la tercera sección del libro del profeta Isaías (Is 56—66) se descubre que estos versículos funcionan como un tipo de relato de vocación y misión. Su ubicación central dentro de la sección final del libro le brinda al poema un protagonismo teológico y misionero especial. El autor del texto es consciente de la misión del Siervo del Señor de los cánticos; afirma la tarea profética de Isaías y contextualiza el mensaje preexílico a los deportados en Babilonia a la nueva situación política, social y espiritual de las personas que llegaron de la deportación a Jerusalén. Estos poemas también revelan una tendencia escatológica que delata el contexto histórico de la época postexílica. Nuestro poema manifiesta similitudes temáticas y repeticiones con el capítulo 58, que presenta el asunto de la liberación de los presos de forma prominente.

Uno de los temas exegéticos y hermenéuticos de mayor interés y complejidad en el análisis ponderado de Isaías 61:1-3a es la identidad del Ungido que se presenta en el poema. Las similitudes teológicas y los paralelismos lingüísticos con los cánticos del Siervo del Señor son claros y directos (p.ej.: Is 42:1-4; 49:1-6). Y en la tradición de esos cánticos la persona que se presenta en este poema ha sido escogida y ungida por Dios para que traiga la liberación y restauración de Israel.

Esas características del poema ubican al Ungido del Señor en el corazón de la teología mesiánica de Isaías, que ya se manifiesta con vigor desde la primera sección del libro: el Espíritu del Señor está sobre el Mesías (Is 11:2); la palabra y el mensaje jugarán un papel importante en el desarrollo de su misión (Is 11:4); su trabajo está directamente relacionado con la implantación de la justicia (Is 11:5); y el resultado de su gestión liberadora es el engrandecimiento del Señor y la alabanza a Dios (Is 11:9-10).

La esperanza mesiánica es uno de los vectores teológicos y de las tendencias temáticas que se manifiesta con mayor importancia y pertinencia en la obra isaiana. En efecto, la teología del libro de Isaías se construye fundamentada en la seguridad de que el Mesías intervendrá en la vida de Israel y transformará su experiencia de dolor y angustia en esperanza y liberación. Esas esperanzas de renovación y redención se presentan y representan en la figura del rey, en la misión del Siervo del Señor y en la labor del Ungido del Señor (Is 61:1-3*a*).

Entre las características mesiánicas que claramente se manifiestan en cada una de estas figuras del libro de Isaías, se pueden identificar las siguientes:

1. En cada presentación de la figura mesiánica se indica que está dotado del Espíritu y de la Palabra del Señor; por ejemplo, el rey (Is 11:1-16), el Siervo (Is 52:13—53:12) y el Ungido (Is 63:1-6).

2. El concepto de justicia y la idea de rectitud se revelan continuamente en la misión y entre las características de cada uno de estos personajes mesiánicos (p.ej.: Is 9:7 y 11:4; 53:11 y 54:17; 61:10 y 63:1).

3. Las tradiciones de David y la teología real se realzan en la presentación del rey, del Siervo y del Ungido (p.ej.: Is 9:6-7; 11:1; 55:3; 63:1).

4. Cada uno de estos personajes tiene una misión de restauración de Israel y de salvación de las naciones paganas; cada uno de ellos revela una muy clara y firme tendencia teológica universalista (p.ej., Is 1:26-27; 49:1-6; 62:11-12).

5. Estas figuras mesiánicas revelan un nivel de enigma y misterio que es también característico de la teología del Antiguo Testamento (p.ej.: Is 11:1; 53:2; 59:16).

El estudio de la sección final del Libro de Isaías (Is 56—66) revela una serie de pasajes en los cuales se presenta de forma destacada la figura de un Ungido del Señor con una misión similar a la del Siervo en la segunda sección de Isaías. Estos análisis lingüísticos y teológicos han demostrado no sólo una relación temática sino claros paralelismos teológicos y continuidad misionera. Los cuatro poemas del Ungido del Señor en la sección final del libro son los siguientes: Isaías 59:21; 61:1-3a; 61:10-11; 63:1-6.

Entre los cánticos del Siervo y los poemas del Ungido se distinguen paralelismos estructurales que incluyen referencias biográficas o autobiográficas, los dones y carismas del Siervo o el Ungido, y una descripción del sufrimiento o referencia a la venganza o salvación divina. Tanto a los cánticos como a los poemas se les añaden textos explicativos o suplementarios al final de cada parte.

LAS BUENAS NUEVAS A LOS POBRES

61:1. Luego de presentar el mensaje de la «futura gloria de Sión» (Is 60:1-22), el texto bíblico incluye el poema del Ungido del Señor que hará posible con su palabra y ministerio que las profecías de salvación previamente anunciadas logren su cumplimiento efectivo. Al mensaje del esplendor futuro se añade la palabra del Ungido que lo llevará a su cabal cumplimiento.

El mensaje comienza con una afirmación teológica muy firme y categórica: «El Espíritu de Jehová el Señor está sobre mí». Con esa declaración de fe este nuevo personaje profético relaciona su vocación con la del Siervo del Señor de los cánticos (Is 42:1), y se ubica también en la tradición de los antiguos profetas pre-exílicos en la palabra y ministerio de Miqueas (Miq 3:8). Este anuncio es una forma de validar sus funciones proféticas, una manera de iniciar la proclamación del mensaje de salvación que constituye el corazón del ministerio del Ungido del Señor.

En la teología del Antiguo Testamento, el tema del Espíritu del Señor que actúa sobre alguna persona incluye la idea de dotarla y capacitarla con fuerza y sabiduría especial (Gn 41:38; Éx 31:3; Nm 11:17, 29). Específicamente en el Libro de Isaías, el Espíritu está relacionado con el poder y el deseo de implantar la justicia en la tierra, generalmente a través de algún mensaje profético (Is 11:2; 32:15-16; 42:1; 44:3; 48:16; 59:21). En torno al mismo tema del Espíritu en la obra isaiana, Isaías ha recibido el consejo divino (Is 9:5; 11:2; 40:12-13; 50:4) y el poder de Dios para llevar a cabo ese tipo de ministerio de equidad y rectitud (por ejemplo: 9:5; 11:4; 42:4; 49:5; 50:9).

Es interesante notar al estudiar este poema que la relación entre la intervención del Espíritu y la unción se presenta esencialmente en el establecimiento de la monarquía en Israel, particularmente con las figuras histórica y teológicamente trascendentes de Saúl (1 Sam 10:1, 6-7) y David (1 Sam 23:1-7). En ese sentido, el texto de Isaías retoma la antigua teología de la unción y la autoridad del Espíritu en los monarcas, y la une a su comprensión del tema del Espíritu divino y la justicia. Al relacionarlo con este personaje y profeta enigmático se afirma lo siguiente: este Ungido de Dios tiene la autoridad divina y la capacidad para llevar a cabo la voluntad del Señor que es la implantación de la justicia a la comunidad postexílica al regresar a Jerusalén.

La palabra hebrea «ungir» en este contexto no se refiere al acto físico de verter óleo sobre una persona seleccionada. Este caso es posiblemente una referencia metafórica (Is 45:1), una alusión simbólica a la autoridad que confería la revelación divina, que era una especie de investidura que estaba reservada al comienzo de la historia de Israel para las ceremonias oficiales de coronación de monarcas: posteriormente se extendió la ceremonia para incorporar a los sumos sacerdotes.

Ser ungido es una expresión que contiene el significado de «ser comisionado», «ser autorizado», «ser investido de poder», «estar dotado de autoridad». En este contexto específico la frase indica que el profeta descrito en el poema ha sido investido de autoridad, enviado y autorizado por Dios para llevar a cabo un ministerio de salvación para la comunidad de exiliados que regresaban a sus tierras.

La frase «me ha enviado» modifica una serie importante de infinitivos que demarcan los límites y exponen la extensión de la misión del Ungido del Señor. Este ha sido enviado por el Señor para «predicar», «vendar», «proclamar», «consolar», «ordenar» y «dar». La función fundamental del Ungido es articular un mensaje que responda a las necesidades existenciales de la comunidad postexílica en Jerusalén. Su objetivo es comunicar una palabra que tiene como finalidad transformar las realidades de dolor de su comunidad en experiencias de liberación y felicidad.

Esa serie de infinitivos se relacionan con actividades concretas y específicas que se llevan a cabo en beneficio de la gente pobre, con su corazón herido, prisionera, cautiva, enlutada, afligida y angustiada. El Ungido debe presentar las «buenas nuevas» a las personas más vulnerables de la sociedad, a los sectores marginados del pueblo, a las comunidades más heridas de Israel. El Ungido tiene un ministerio con repercusiones concretas e inmediatas para su pueblo; ha recibido el llamado divino para contribuir a la transformación, redención y liberación de Israel.

Al estudiar la vocación del Ungido, se revelan dos principios de fundamental importancia teológica. El primero es su comprensión y afirmación del ministerio del profeta Isaías, particularmente su firme aceptación de la misión del Siervo del Señor. Ese principio se pone de manifiesto en su entorno para tomar las palabras y las peleas del Siervo y actualizar su ministerio a la luz de las nuevas experiencias postexílicas. Al mismo tiempo se nota del estudio del poema que el Ungido no centra su misión en lo antes expuesto por el Siervo, sino que expande su horizonte teológico y misionero.

La misión fundamental del Ungido es «predicar las buenas nuevas a los abatidos». De esta transcendente declaración teológica se desprende su misión profética, su tarea vocacional. El verbo hebreo que se traduce aquí por «predicar» se incluye en partes importantes del Libro de Isaías (p.ej.: Is 40:9; 41:27; 52:7; 60:6), en las cuales se afirma y subraya el tema de la esperanza, y también se anuncia y celebra la liberación de los judíos de Babilonia. Aquí es el Ungido la persona que debe anunciar las «buenas nuevas», que es la declaración de libertad y salvación para la gente que está en necesidad. El mensaje del Ungido es de liberación del cautiverio, de redención extraordinaria, de restauración nacional.

«Las buenas nuevas» se anuncian a los «pobres» («abatidos» en la versión Reina Valera 1960), que es una expresión simbólica que incluye no sólo a individuos y comunidades con dificultades económicas y materiales, sino que su significado se extiende para incorporar a personas afligidas y angustiadas por cualquier problema. En la literatura poética, particularmente en los Salmos, la palabra describe a la gente que se sobrepone a sus dificultades inmediatas y tiene la capacidad de confiar en el Señor.

En este contexto específico, «los abatidos» y «los quebrantados de corazón» describen a la comunidad que ha regresado del exilio y que confía en que la restauración nacional se llevará a cabo pronto. Son personas que han vivido las penurias exílicas y han experimentado los problemas sociales, políticos y espirituales relacionados con las deportaciones, los exilios y las separaciones.

60:2. La última parte del versículo 1 alude a la liberación de los cautivos y se une estructural y temáticamente con el versículo 2. El lenguaje usado ubica las ideas expuestas en las tradiciones de la liberación del año del jubileo, en el cual cada cincuenta años se condonaban las deudas como una forma concreta de restituir a la gente agraviada y restablecer la justicia en la sociedad. Aunque no hay referencia histórica que indique que el año de jubileo se implantó alguna vez en Israel, las imágenes literarias que evoca e incentiva proveen importantes metáforas para la gente en procesos de liberación del exilio.

El «año de la buena voluntad de Jehová» es un período de amnistía; alude al acto de liberación de cautivos; se refiere al proceso de consolación de la gente enlutada; es un año de triunfo y esperanza. Ese «año de buena voluntad» incentiva la felicidad en la comunidad judía, pues la intervención divina romperá las cadenas que cautivan a la comunidad. La frase «día de venganza», que se repite con alguna frecuencia en el Antiguo Testamento (p.ej.: Pr 6:34; Is 34:8), alude a la acción del juicio divino que, al implantar la justicia, actúa contra los pecados de Israel y de las naciones. El juicio a las naciones es también un día de liberación para Israel.

El versículo finaliza con el tema de la consolación, que representa una idea central en el mensaje del profeta (Is 40:1) e indica que el Ungido ha sido llamado por el Señor para consolar a los enlutados, que es una referencia a las personas que al vivir la experiencia exílica sienten que han muerto.

60:3. El mensaje del Ungido finaliza con el mandato que ya se había anunciado y presentado en los versículos anteriores. Su misión fundamental es transformar la vida de «los afligidos de Sión». Es una palabra de esperanza que cambiará la suerte del pueblo; es una palabra de liberación que representa el futuro de la comunidad judía postexílica.

El texto comienza con el tema final del versículo anterior. La consolación de los enlutados continúa: los afligidos de Sión cambiarán el luto, la ceniza y el espíritu angustiado en gloria, gozo y alegría. El texto revela el poder transformador de la revelación divina. La palabra hebrea traducida aquí como «gozo» se refiere a una especie de «corona» o vestimenta que se llevaba en la cabeza, que simboliza la felicidad y la alegría. Remover ese tipo de «corona» era una señal de luto y aflicción (Ez 24:17, 23). Las «cenizas» también son una alusión directa al dolor y al luto. Se presenta de esta forma poética el contentamiento que traerá la misión del Ungido del Señor en contraposición con el luto y las angustias del exilio.

HOY SE HA CUMPLIDO ESTA ESCRITURA

El poema del Ungido del Señor fue el seleccionado por Jesús, de acuerdo con el relato del Evangelio de Lucas (Lc 4:18-19), cuando entró un sábado a participar del culto de la sinagoga en Nazaret. Tomó el libro del profeta Isaías, leyó el capítulo 61, devolvió el texto bíblico al oficial de la ceremonia, se sentó y, cuando los ojos de todos estaban fijos en él, finalmente dijo: «hoy se ha cumplido esta Escritura delante de vosotros».

Según el Nuevo Testamento, Jesús se identifica con este texto del Libro del profeta Isaías para poner énfasis en su ministerio de apoyo y liberación a los sectores más desposeídos y marginados de la sociedad: «pobres», «quebrantados de corazón», «cautivos», «ciegos» y «oprimidos». El propósito fundamental del mensaje del evangelista Lucas es contextualizar la predicación de Jesús en la tradición del profeta Isaías para subrayar su ministerio liberador. En este Evangelio particularmente se enfatiza el ministerio transformador y solidario de Jesús desde el comienzo mismo de su vida pública, al inicio mismo de su programa de predicación en Galilea.

El tema del Espíritu es importante para Isaías, Lucas, Jesús y también para los creyentes el día de hoy. El Espíritu es la manifestación divina que inspira, desafía, orienta, impele, ayuda, consuela, fortalece y afirma a los creyentes en el momento oportuno. Es la revelación de Dios que ayuda a los creyentes a descubrir la voluntad divina en medio de las muchas voces que orientan y desorientan a la sociedad; es la gracia que nos permite descubrir las verdaderas necesidades y los dolores reales del mundo y de la sociedad para desarrollar programas que respondan adecuadamente, no a los gustos eclesiásticos ni a los deseos denominacionales sino a los problemas inmediatos y específicos del pueblo.

El Espíritu del Señor ungió al profeta, y el texto bíblico nos indica que Jesús también se identificó con ese mensaje de aval y envío porque entendió la importancia del Espíritu divino en el desarrollo de un ministerio transformador. Un ministerio transformador es el que recibe la unción para predicar el evangelio a los pobres. Este tipo de ministerio ungido por Dios descubre y rechaza las diversas manifestaciones de la pobreza en la sociedad del tercer milenio de la iglesia cristiana: la pobreza económica y sus orígenes; la pobreza espiritual y emocional; la pobreza moral y ética; la pobreza de valores y principios. La unción del Espíritu viene para capacitarnos a descubrir y discernir esa pobreza del alma y de la vida; nos ayuda a responder con autoridad y valentía; nos impele a responder efectivamente a sus desafíos; y nos capacita para superar sus raíces y eliminar sus consecuencias.

La unción del Espíritu nos envía a predicar y a vendar; la gracia de Dios nos desafía a hablar y a actuar. No está cautiva la revelación del Señor a la palabra hablada. La presentación del mensaje transformador es importante y necesaria, y la predicación liberadora es fundamental y requerida. Sin embargo, la unción de Dios viene para ayudarnos a predicar y vendar, consolar y sanar, edificar y servir. La unción divina tiene un muy importante rol de servicio, que se constituye en la fuerza concreta y pragmática de responder de forma real a las necesidades de la gente.

Esa interpretación de «vendar a los quebrantados de corazón» se manifiesta con fuerza en el ministerio de Jesús, y se presenta con autoridad como un modelo para los creyentes y la iglesia. El acto de «vendar» o curar a «los quebrantados de corazón» es algo más que presentar un remedio casero para una enfermedad terminal. Representa la respuesta sabia al origen de los problemas que abaten a los pueblos; y alude a la actitud ministerial que identifica las causas de las angustias y las dificultades de los individuos, las familias, las comunidades y las naciones para posteriormente preparar un programa restaurador que permita a los individuos y a la sociedad superar esas condiciones de cautiverio.

La unción divina llega para cambiar la suerte de la gente cautiva; se revela para transformar la condición de las personas desesperadas. El objetivo de Dios, entendido también a través del ministerio de Jesús, es intervenir en la vida misma para transformar los ambientes de muerte en lugares de vida. El mensaje del Ungido del Señor tiene como objetivo fundamental consolar y anunciar a los afligidos que su luto se transformará en gloria y alegría, y que la angustia será sustituida por alabanza y gratitud.

El ministerio del Ungido, y también el de Jesús de Nazaret, fue el de intervenir en la vida de la gente que no tenía esperanza para anunciarle que el cautiverio y la desdicha no son parte de la voluntad de Dios para la humanidad. El Señor no se alegra con el sufrimiento y la desesperanza de los pueblos, ni disfruta la opresión y el cautiverio de individuos y naciones. El Dios del Siervo, el Señor del Ungido y Padre de nuestro Señor Jesucristo, está seriamente comprometido con la predicación de las buenas nuevas de liberación y con el acto extraordinario de vendar y sanar heridas.

El mensaje del Espíritu del Señor a los creyentes a través de la historia es claro y directo: recibimos la unción divina para predicar el evangelio a los pobres, que es una manera elocuente de afirmar la importancia que tiene para Dios la gente en necesidad. Esa unción también reclama de la gente de fe que vende heridas, lo cual alude al desafío de movernos del centro homilético y pedagógico al mundo de lo real, de lo concreto. Con el menaje del Ungido, Dios está interesado en mostrarnos un ejemplo concreto de ministerios transformadores. Ese tipo de acción ministerial trajo en su misma raíz evangélica elocuente un sentido grato de esperanza y se mueve de la palabra a la acción, del kerigma a la diaconía, de la predicación al corazón cristiano.

En Nazaret, Jesús afirmó la gran verdad de Isaías: el resultado de la predicación salvadora, restauradora y liberadora del Siervo del Señor produce sanidad en individuos y pueblos. El sacrificio del Siervo Jesús de Nazaret es el acto divino que genera el bienestar humano y que propicia sanidades. Una sociedad enferma necesita al Mesías sanador; las familias heridas por la violencia doméstica y la incomunicación necesitan al Mesías sanador; y los individuos angustiados a causa de las manifestaciones insanas que vive la sociedad contemporánea ciertamente necesitan al Mesías sanador. Pues por sus heridas fuimos nosotros curados.

ACERCA DEL AUTOR

El Dr. Samuel Pagán, ministro ordenado por la Iglesia Cristiana (Discípulos de Cristo), es un reconocido y apreciado biblista puertorriqueño, que ha publicado más de sesenta libros y cientos de artículos acerca de temas exegéticos, teológicos, educativos, literarios y pastorales. Además, ha trabajado en la edición y preparación de cinco Biblias de estudio, y colaborado en decenas de proyectos de traducción de la Biblia en América Latina, Europa, África y en el Lejano y Medio Oriente.

Entre las obras exegéticas y teológicas más conocidas de Samuel, se encuentran sus libros sobre Jesús de Nazaret, el rey David, la Biblia hebrea y los Salmos. También ha publicado varios libros y artículos sobre diversos aspectos teológicos y ministeriales en *Don Quijote de La Mancha*; ha editado varias revistas de educación cristiana transformadora; y escribe regularmente acerca de temas religiosos, educativos y sociales en diversos periódicos en EE.UU. y Latinoamérica.

En su trayectoria ministerial, el Dr. Pagán ha enseñado, predicado y dictado cátedra en cientos de países y ciudades alrededor del mundo. Fue profesor de Biblia, decano académico y presidente de seminarios y universidades en Puerto Rico, Estados Unidos, Europa e Israel; y en la actualidad es decano de programas hispanos en el *Centro de Estudios Bíblicos de Jerusalén*. Como profesor de Biblia y decano del Centro, organiza y auspicia anualmente viajes educativos y transformadores a las tierras bíblicas para miles de peregrinos de habla hispana del mundo.

Posee los siguientes títulos académicos: Bachillerato en Ingeniería Química de la Universidad de Puerto Rico-Mayagüez, Maestría en Divinidades del Seminario Evangélico de Puerto Rico, Maestría en Teología del Seminario Teológico Princeton, Doctorado en Literatura Hebrea del Seminario Teológico Judío, y Doctorado en Sagrada Teología del Centro para la Educación Teológica de Florida; además, realizó estudios post-doctorales en lingüística y antropología en la Universidad de Texas, y en geografía bíblica en el Instituto Tantur, Centro Avanzado para la Educación Teológica en Jerusalén.

Samuel está casado con la Dra. Nohemí C. Pagán, y tienen dos hijos: Samuel (casado con Yasmín) y Luis Daniel (casado con Ileana), y tres nietos (Samuel Andrés, Ian Gabriel y Mateo Alejandro) y una nieta (Natallie Isabel). Y viven alternadamente en Jerusalén y Clermont, Florida.

BIBLIOGRAFÍA SELECTA

A continuación, incluyo algunos libros y artículos que pueden guiar y motivar a las personas que estudian los temas que exploro en esta obra. Bibliografías más extensas sobre el libro de Isaías y sus detalles teológicos y literarios se pueden encontrar en las obras de Pagán y las de otros autores aquí identificados.

El objetivo básico, al presentar estos recursos literarios, que no son muchos pero que están cuidadosamente seleccionados, es incentivar la investigación adicional y las reflexiones ponderadas sobre los temas expuestos en mi libro.

¡Disfrute sus lecturas!

Alonso Schokel, L. y J L. Sicre Díaz. *Los profetas*. Madrid: Cristiandad, 1980. *Los profetas II*. Madrid: Cristiandad, 1987.

Blenkinsopp, Joseph. *Isaiah 40—55: A New Translation with Introduction and Commentary*. Doubleday, 2002. *Isaiah 56—66: A new translation with introduction and commentary*. Doubleday, 2003.

Casellas, G. «La figura del Siervo de Yahweh», *Cultura Bíblica 31* (1980), pp. 19-36.

Clements, R. E. *Isaiah 1—39.* Grand Rapids: Eerdmans, 1980.

Cate, Robert L., «Isaiah», En Mills, Watson E.; Bullard, Roger Aubrey, eds. *Mercer Dictionary of the Bible.* Macon: Mercer University Press, 1990a.

——, «Isaiah, book of». En Mills, Watson E.; Bullard, Roger Aubrey, eds. *Mercer Dictionary of the Bible.* Macon: Mercer University Press, 1990b.

Childs, Brevard S. *Isaiah.* Louisville: Westminster John Knox Press, 2000.

Comentario Bíblico Mundo Hispano. Tomo 10. El Paso: Editorial Mundo Hispano, 2004.

Driver, S. R. and A. Neubauer, eds. *The Fifty-Third Chapter of Isaiah According to Jewish Interpreters.* New York, Ktav Publishing House, 1969.

Edersheim, Alfred. *Comentario bíblico histórico.* Barcelona: Editorial Clie, 2009.

Enell, I. «The Ebed-Yahweh Songs and the Suffering Messiah in Deutero Isaiah», *BJRL 31.*

Ginsberg, H. L. «The Oldest Interpretation of the Suffering Servant». *VT IUOSOT* (2013), pp. 25-28.

Goldingay, John. *Isaiah.* Peabody: Hendrickson Publishers, 2001.

Henry, Matthew. *Comentario bíblico de Matthew Henry. Obra completa*. Barcelona: Clie, 1999.

Jensen, J.W. H. Irwin. «Isaías 1—39», *Nuevo Comentario Bíblico San Jerónimo, Antiguo Testamento*. Estella: Verbo Divino, 2005, pp. 350-382.

Keil, C. F. & Delitzsch F. J. *Isaías*. Barcelona: Clíe, 2019.

Lamdsey, F. D. «Isaiah's Songs of the Servant», Bibliotheca Sacra 139 (1992); pp. 129-145.

Mc Kenzie, J. *Second Isaiah, AB 20*. Garden City, NY: Doubleday and Co., 1967.

MacArthur, John. *Isaías 53*. El Siervo Sufriente. Barcelona: Editorial Clie, 2020.

North, C. R. *The Suffering Servant in Deutero-Isaiah. An Historical and Critical Study*, 2nd ed. London: Oxford, 1956.

Oswalt, John N. *The Book of Isaiah Chapters 1—39*. And *The Book of Isaiah Chapters 40-66*. Grand Rapids, MI.: E. Eerdmam Publishing Co., 1986, 1998.

Pagán, S. *La visión de Isaías*. Miami: Editorial Caribe, 1991.

——,*Jesús de Nazaret. Vida, enseñanza y significado*. Barcelona: Clie, 2012.

——,*La Biblia hebrea*. Barcelona: Clie, 2013.

——,*Los libros proféticos*. Barcelona: Clie, 2016.

——,*Historia del Israel bíblico.* Barcelona, Clie, 2019.

Pérez Millós, Samuel. *Comentario exhaustivo al Antiguo Testamento.* Barcelona: Clie, 2004.

Phillips. A. «The Servant Symbol of Divine Powerlessness», *Expository Times 90* (1978); pp. 370-374.

Pipal. B. «The Lord's *Ebed* in the Exile» *Communion Piatorum 13* (1970); pp. 177-180.

Ricciardi. A. «Los Cánticos del Siervo de Yavé», *Cuadernos Teológicos 4* (1976); pp. 124-126.

Rowley, H. H., *The Servant of the Lord and Other Essays.* London: Lutterworth, 1952.

Sawyer, John F. A. *The Fifth Gospel: Isaiah in the History of Christianity*. Cambridge: Cambridge University Press, 1996.

——, «Daughter of Zion and Servant of the Lord in Isaiah». *JSOT 44* (1989), pp. 9-197.

Seitz, C. R. *Isaiah 1—39. Interpretation*. Louisville: John Knox Press, 1993.

Sicre. J. L. «La mediación de Ciro y la del Siervo de Dios en Deutero Isaías». *Estudios Eclesiásticos 50* (1975); pp. 179-211.

Stuhlmuller, C. «Deutero-Isaías y Trito-Isaías», *Nuevo Comentario Bíblico San Jerónimo.* Estella: Verbo Divino, 2005, pp. 505-536.

Watts, John D. W. *Isaiah 1—33* e *Isaiah 33—66*. Waco, Texas: Word, 1987.

Wilshire. L. E. «The Servant of the Lord», *JBL 94* (1975); pp. 356-367

Wilcox, P y D. Paton-Williams. «The Servant Songs in Deutero-Isaiah», *JSOT 1988*; pp. 79-102.